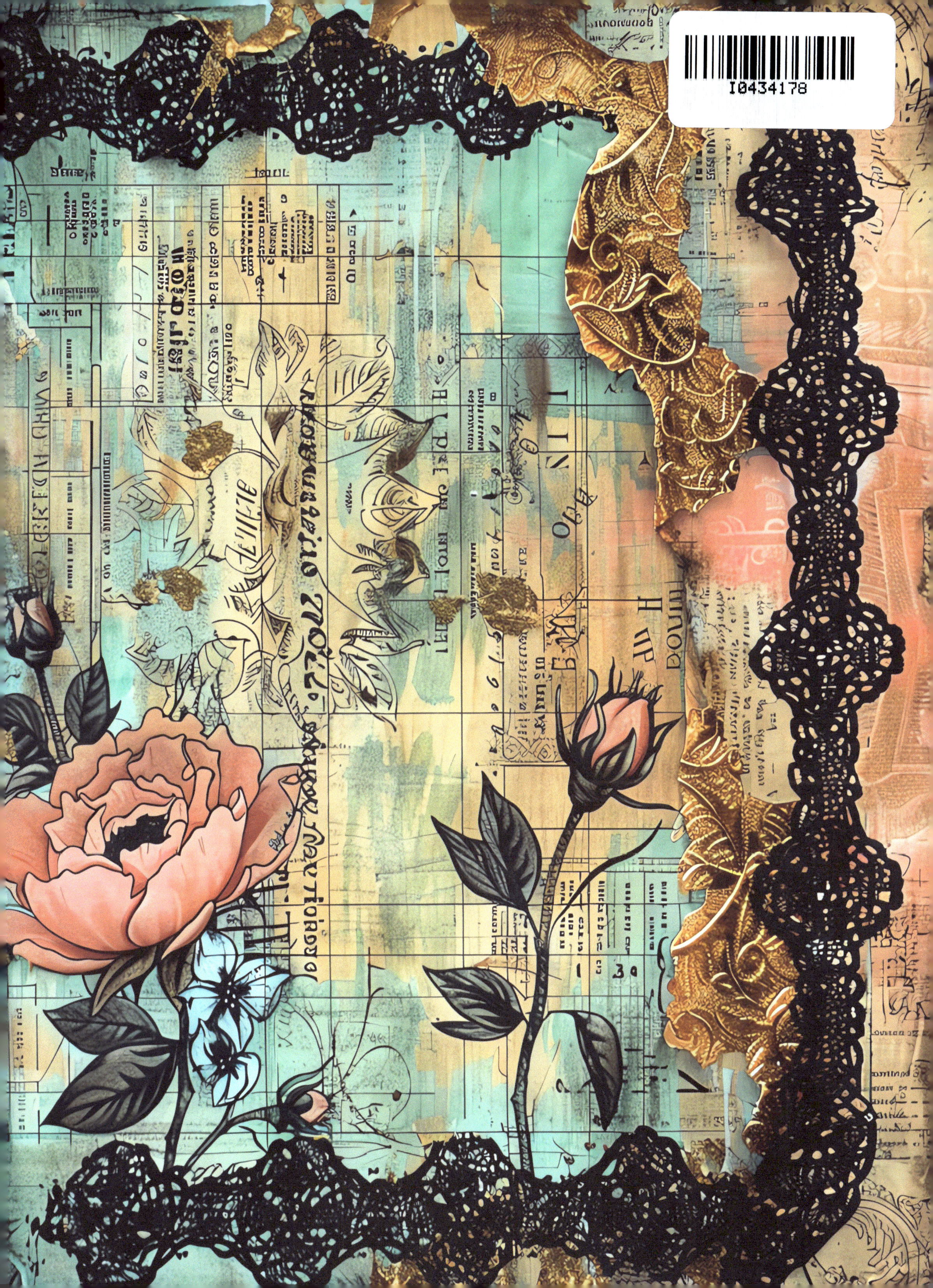

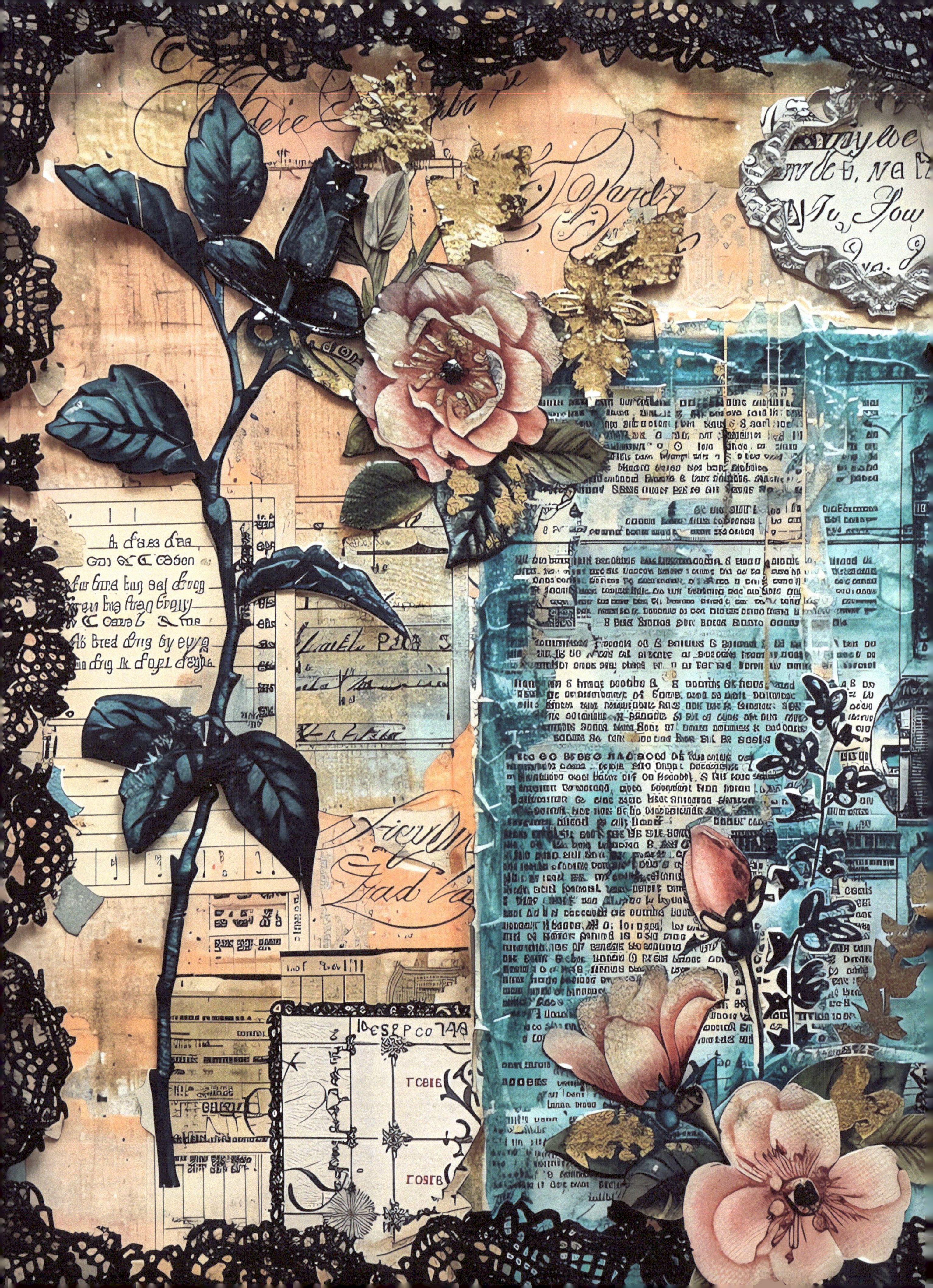

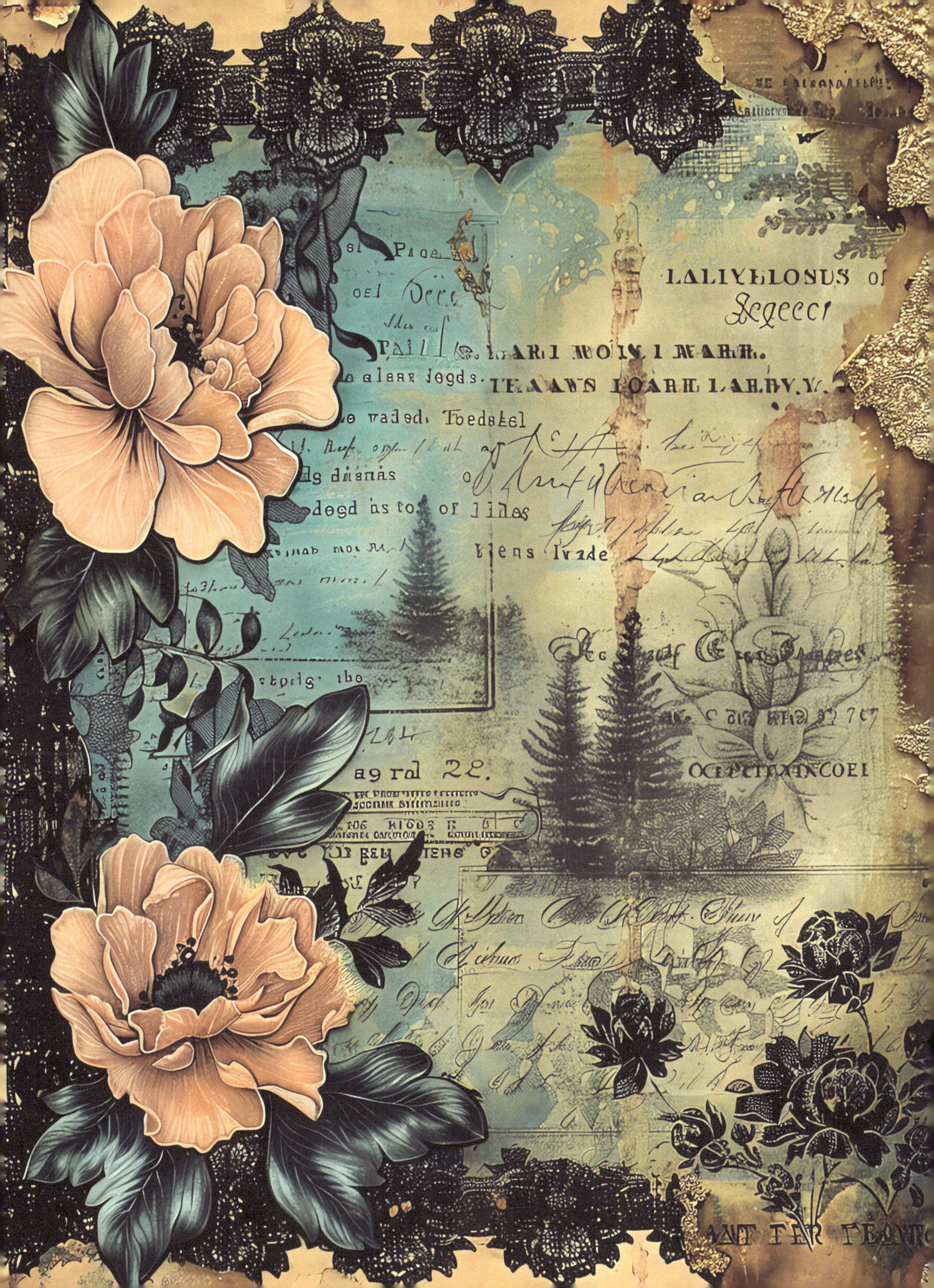

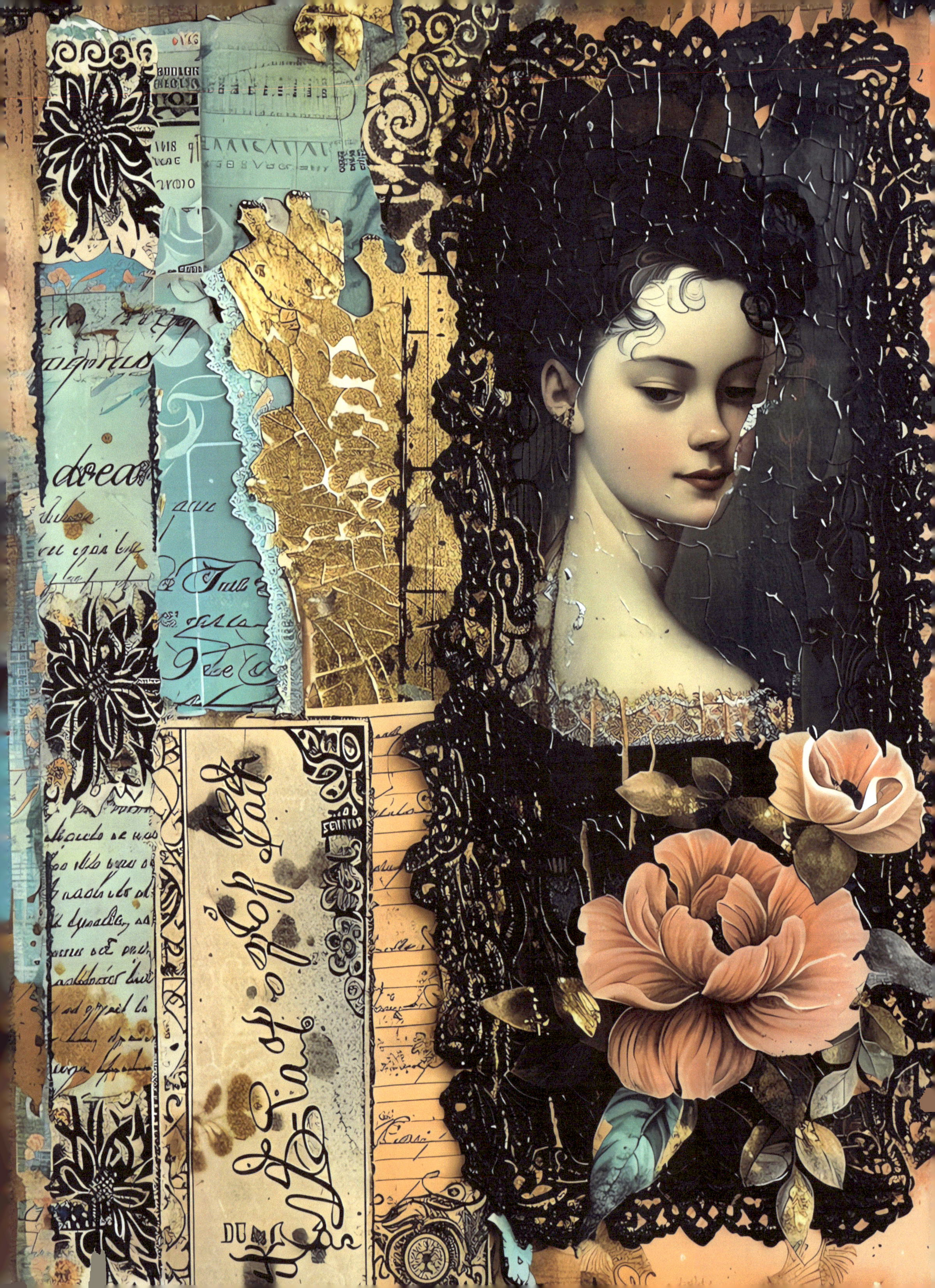

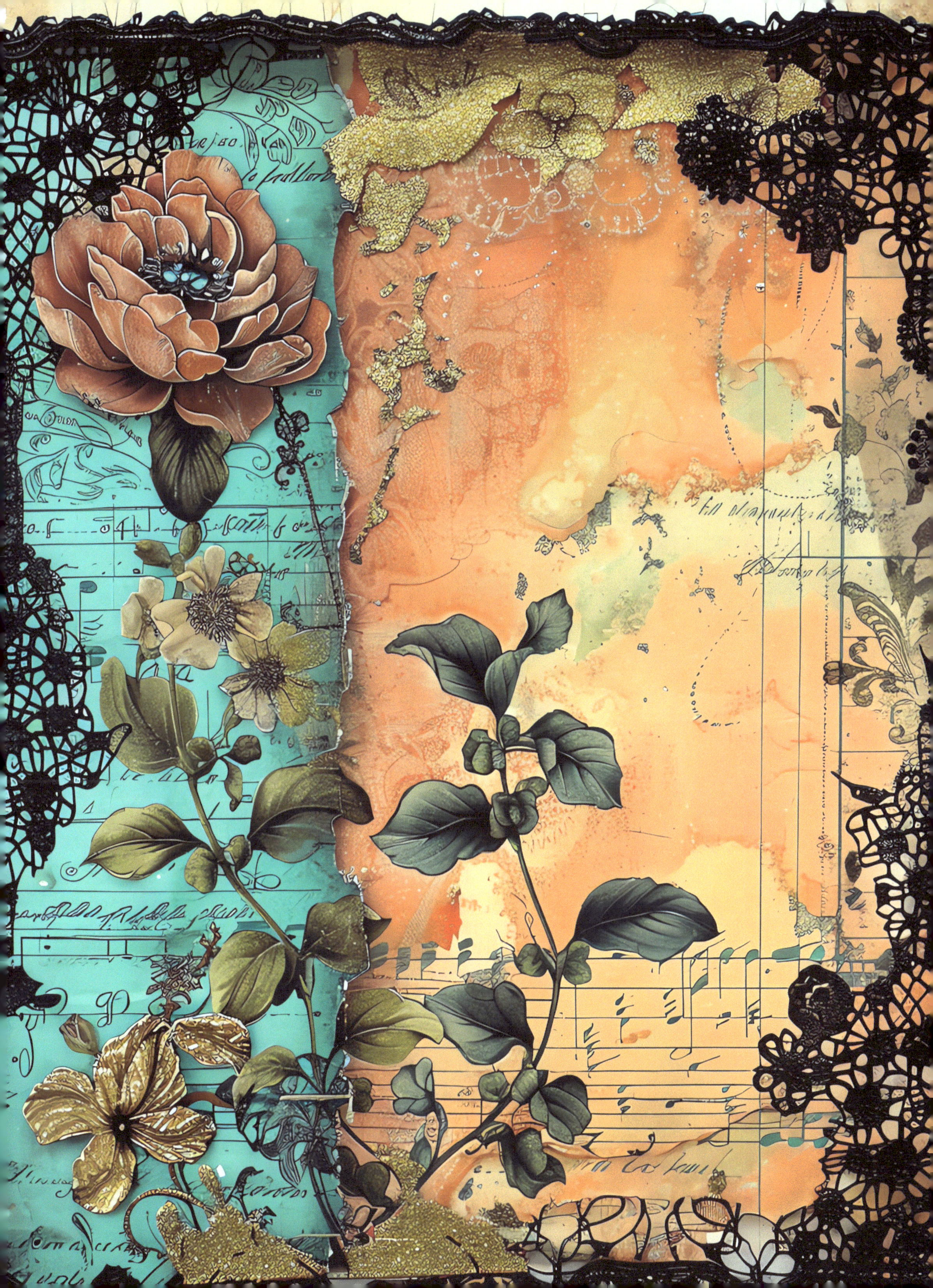

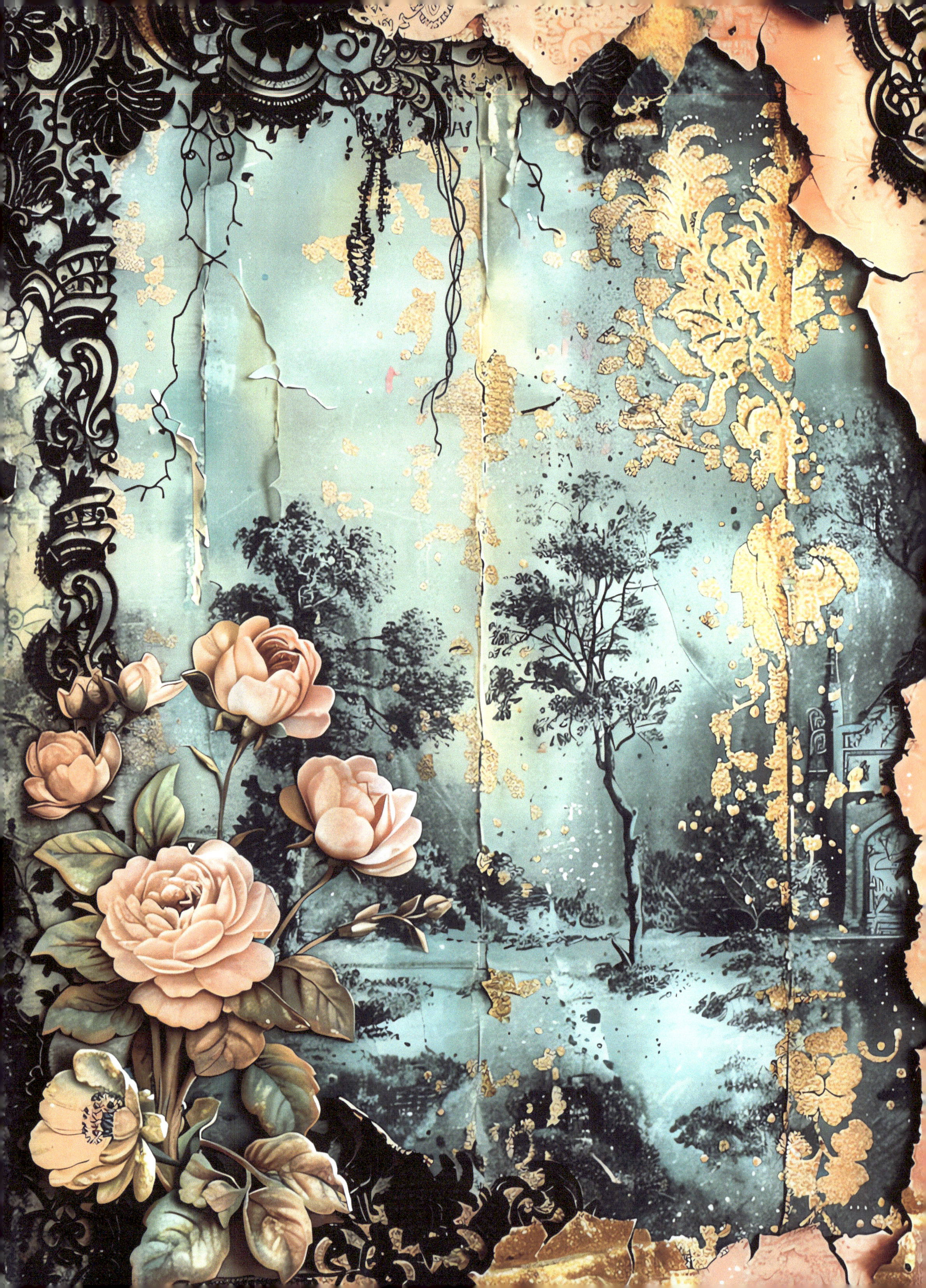

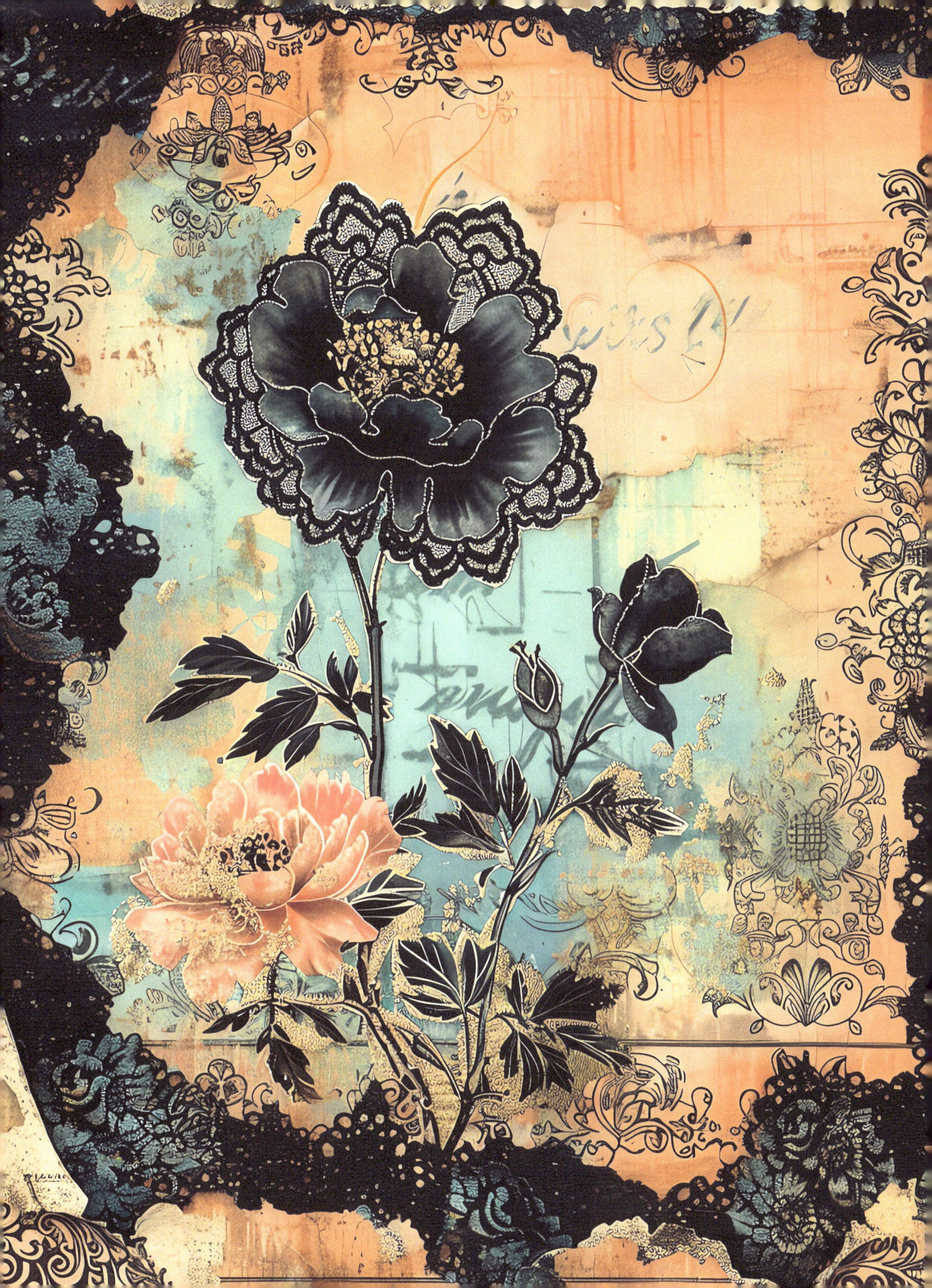

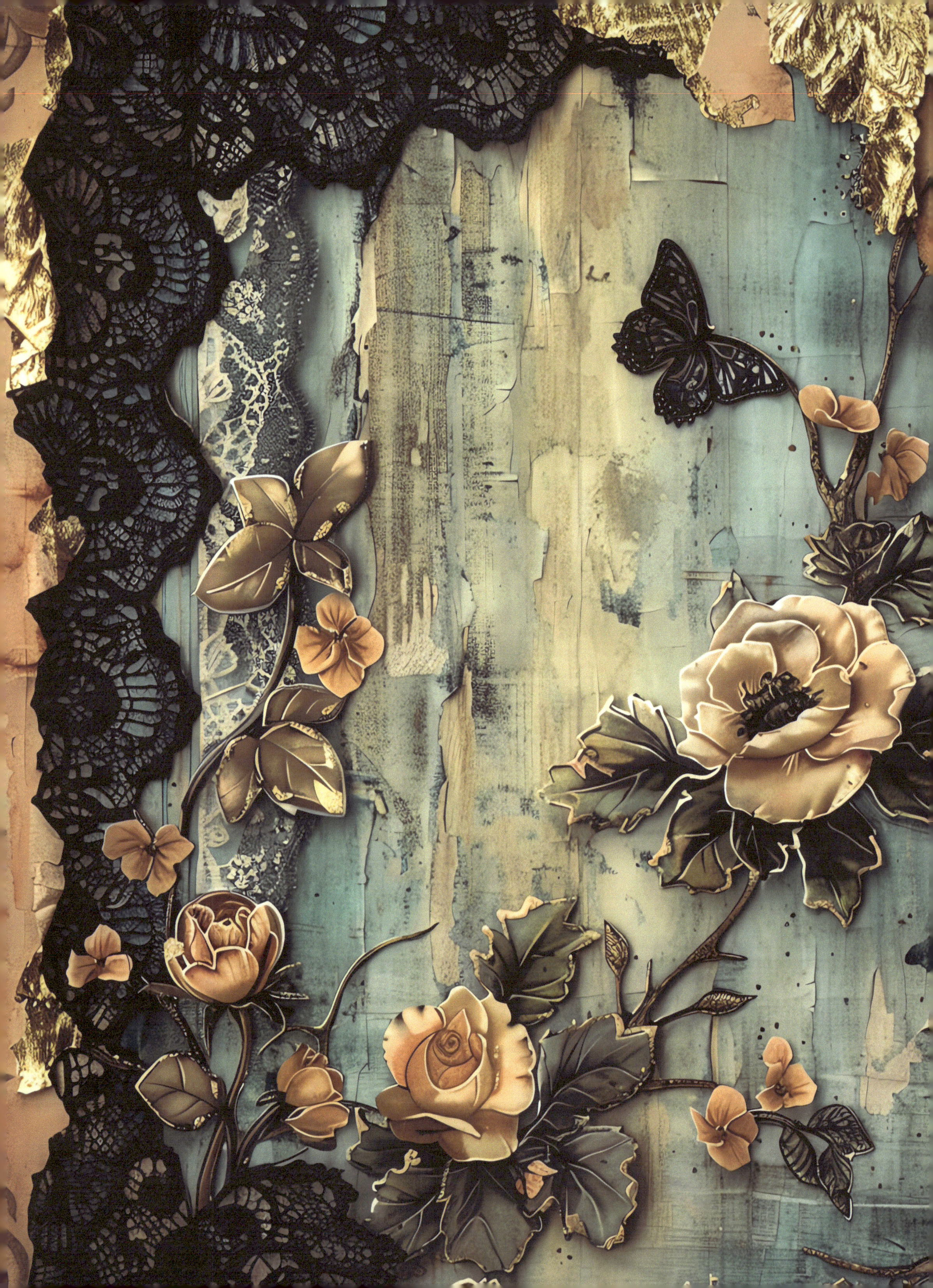

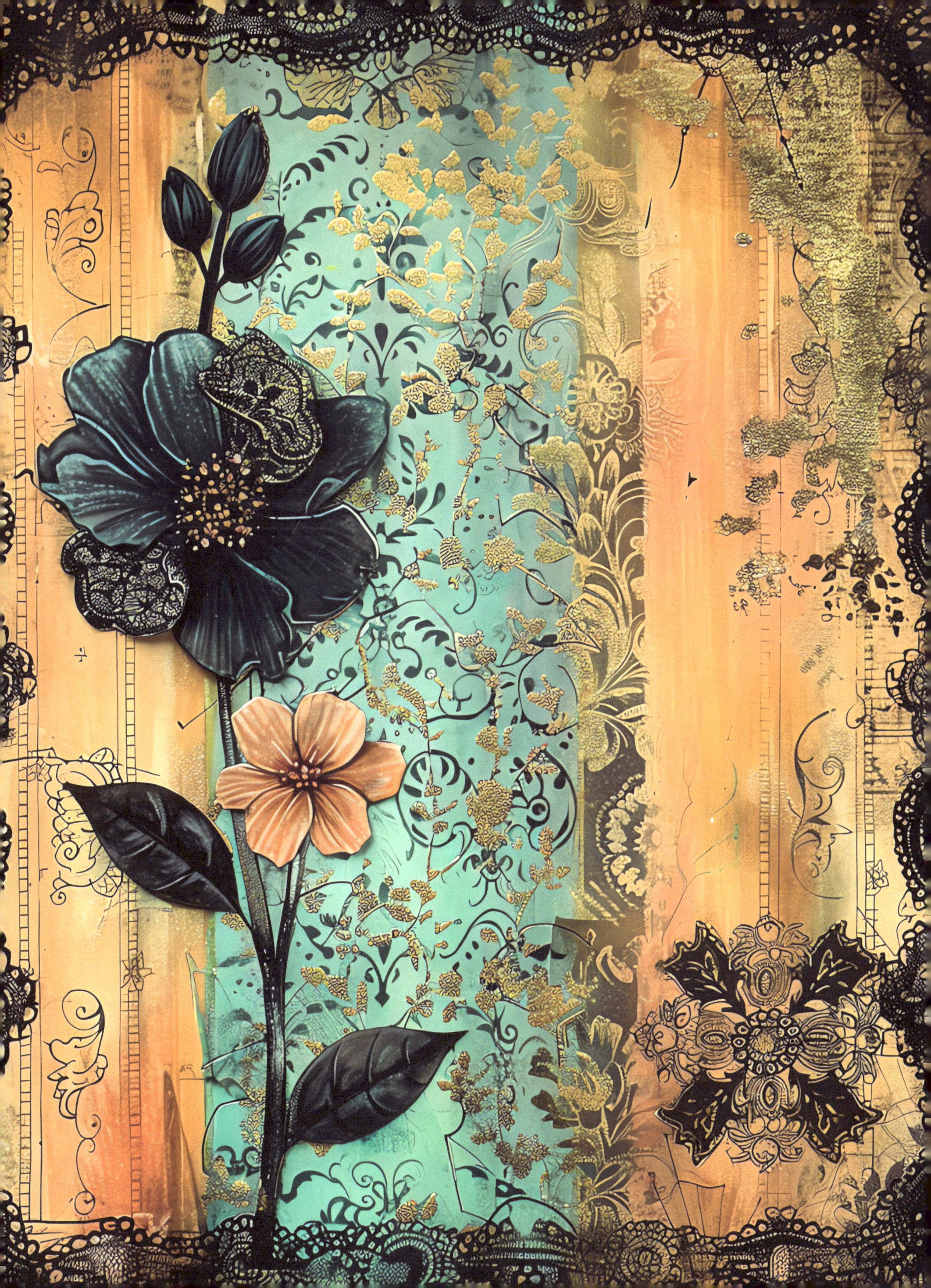

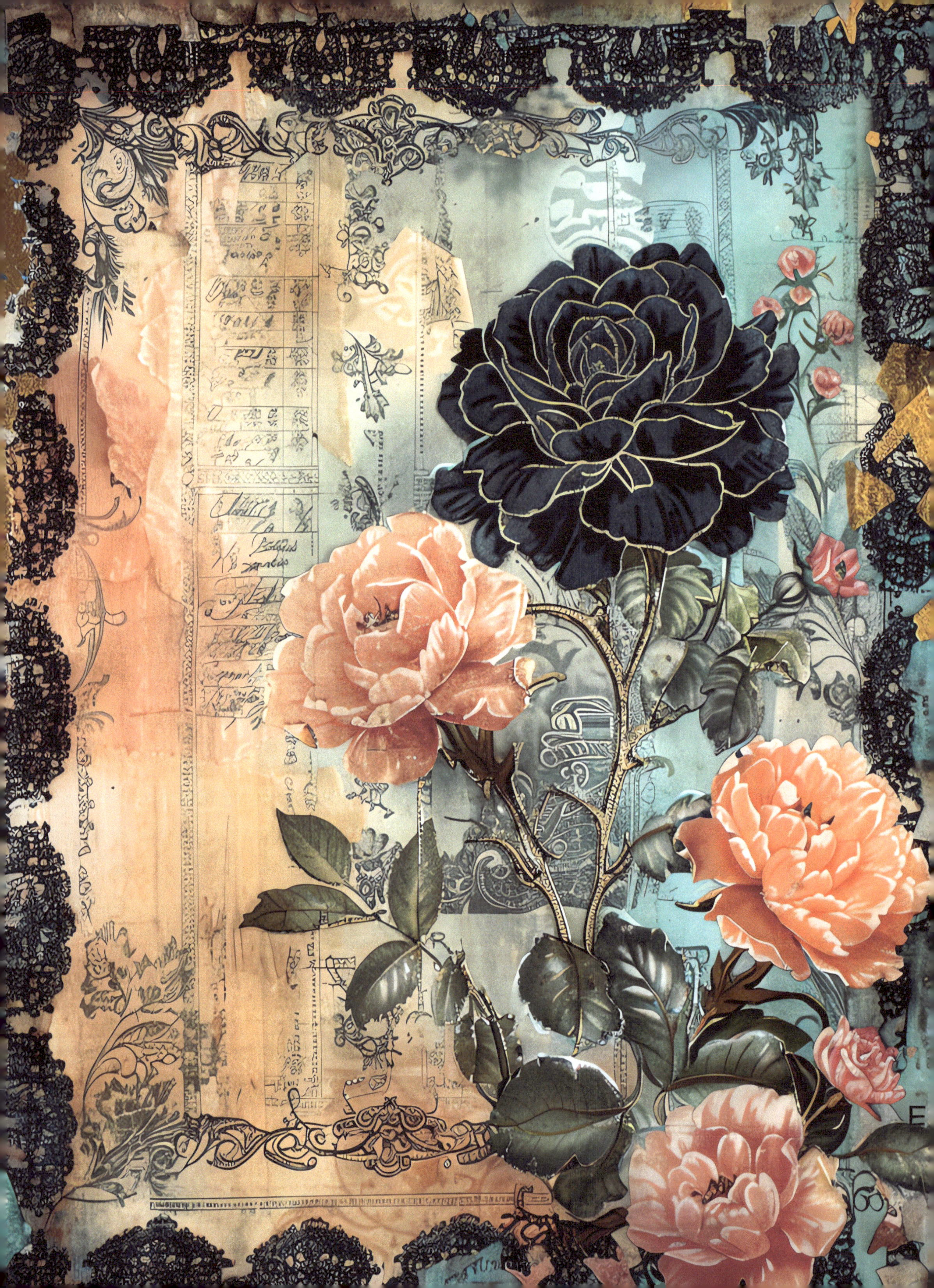

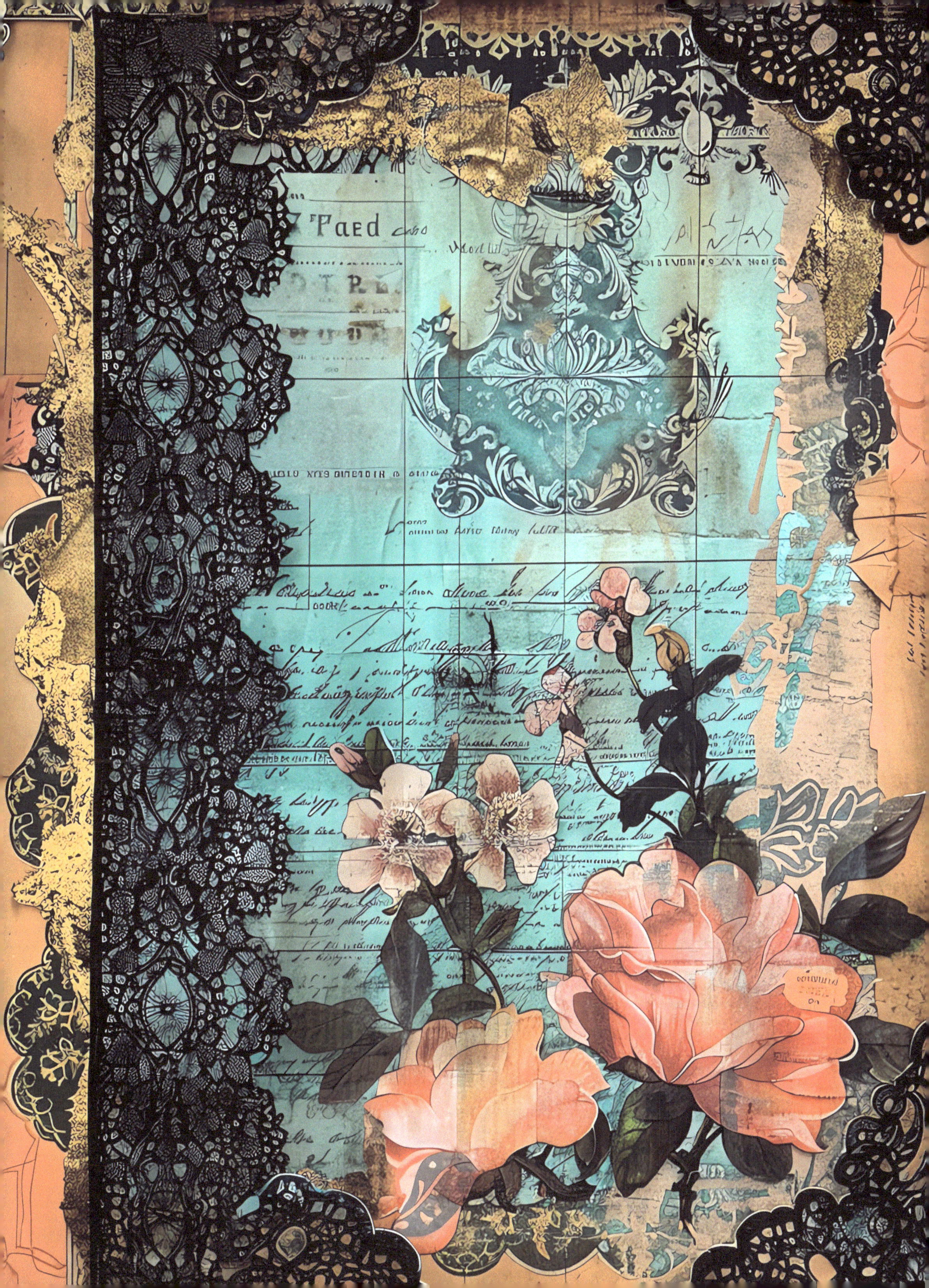

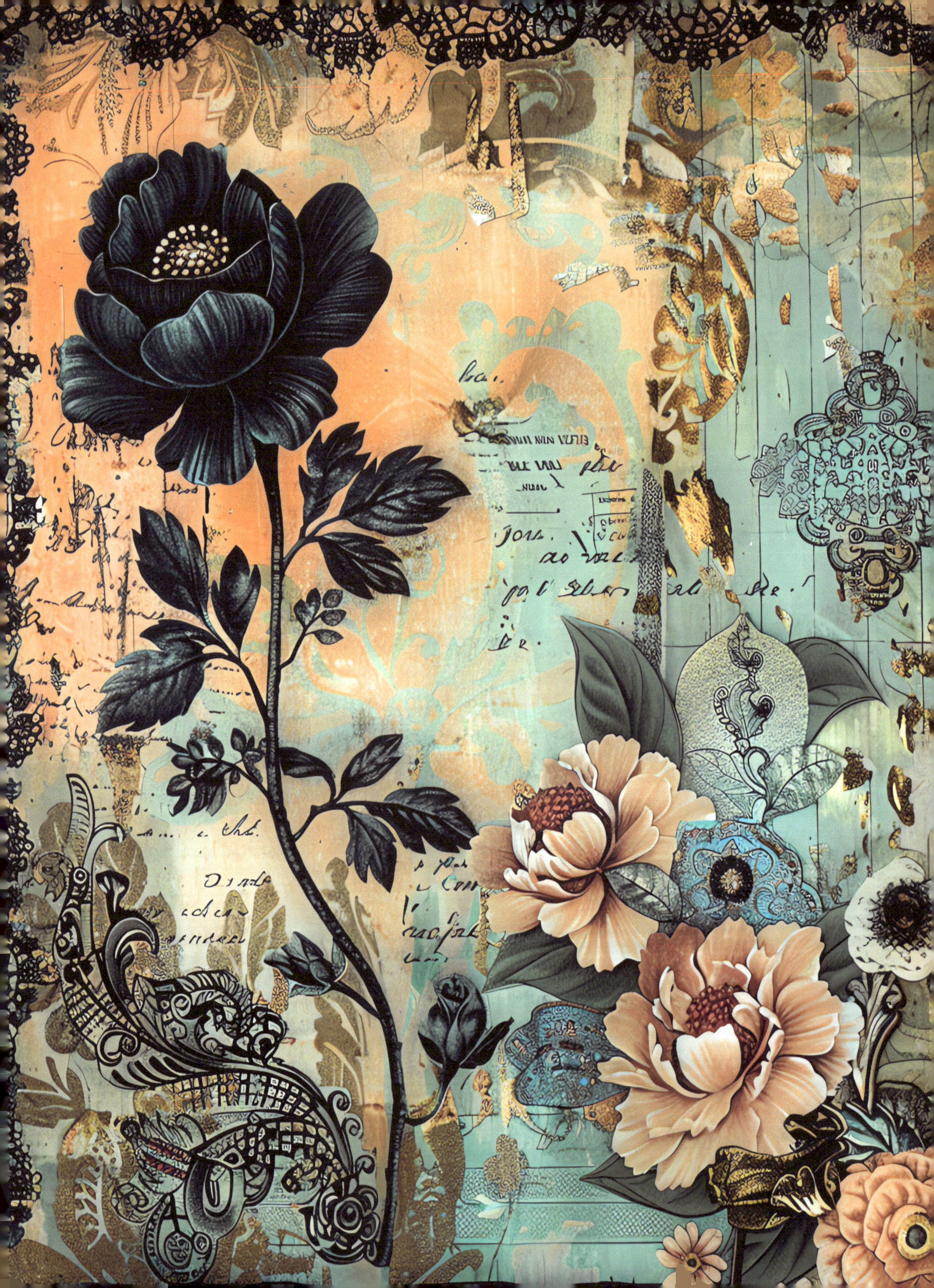

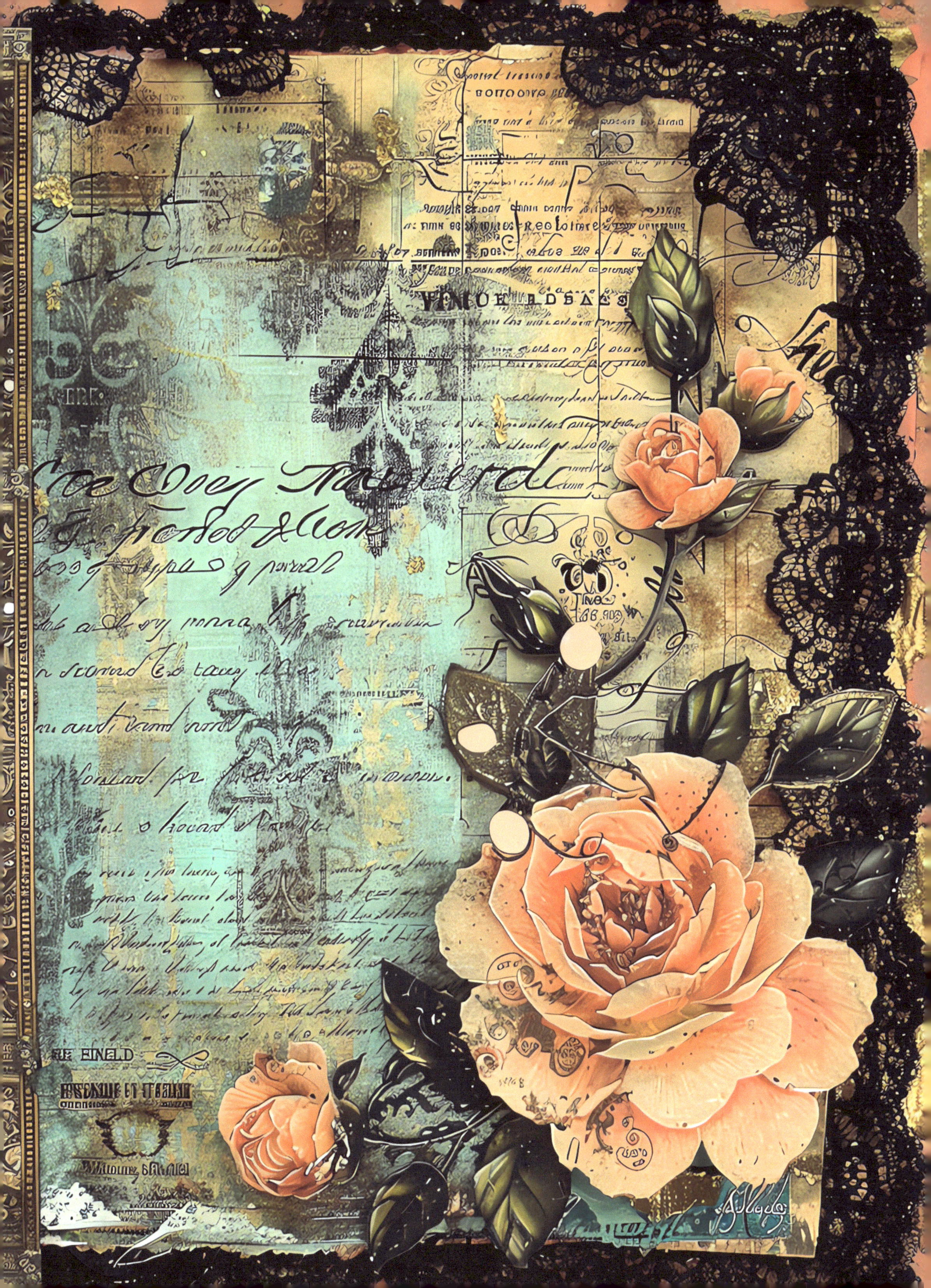

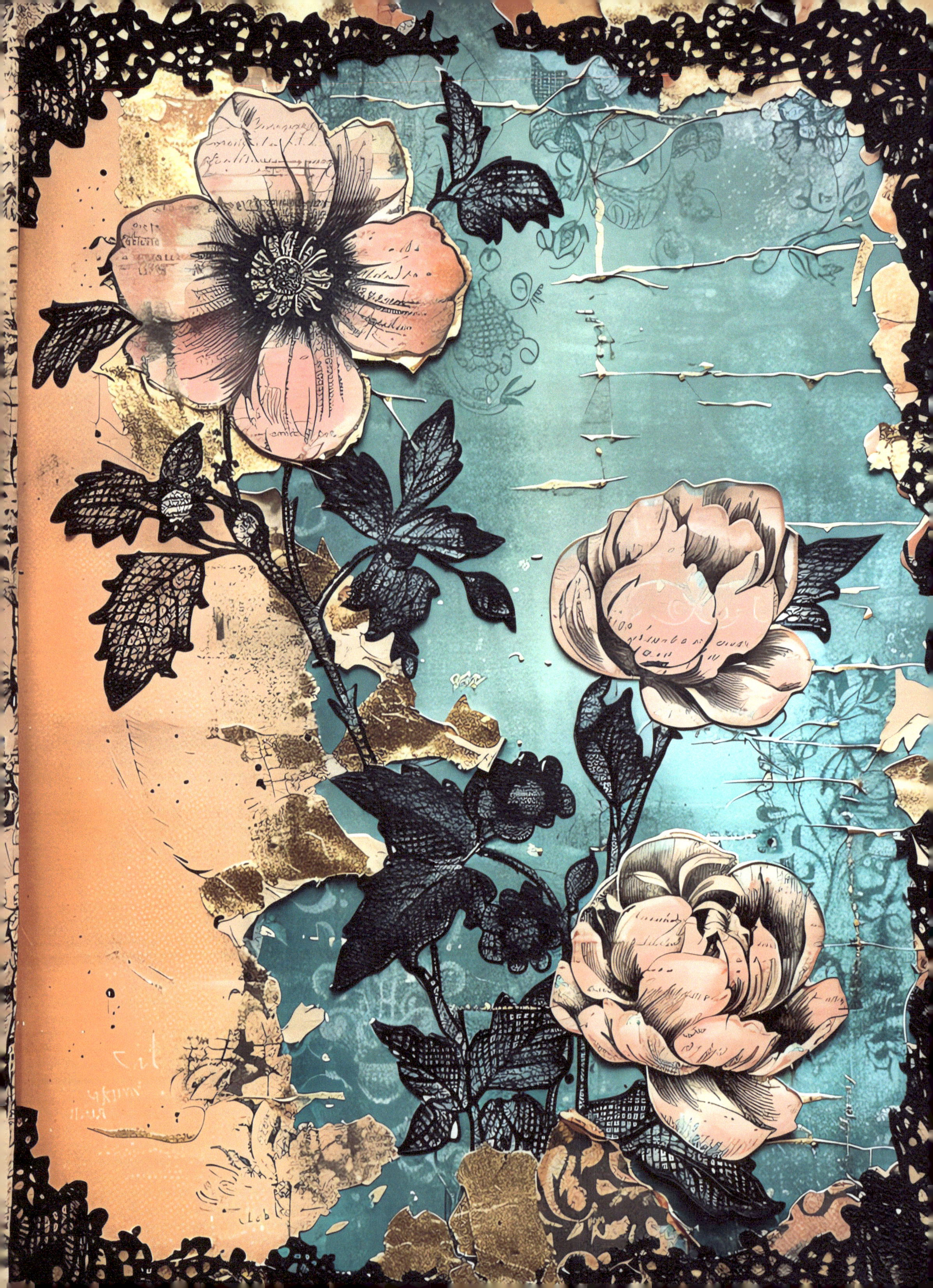

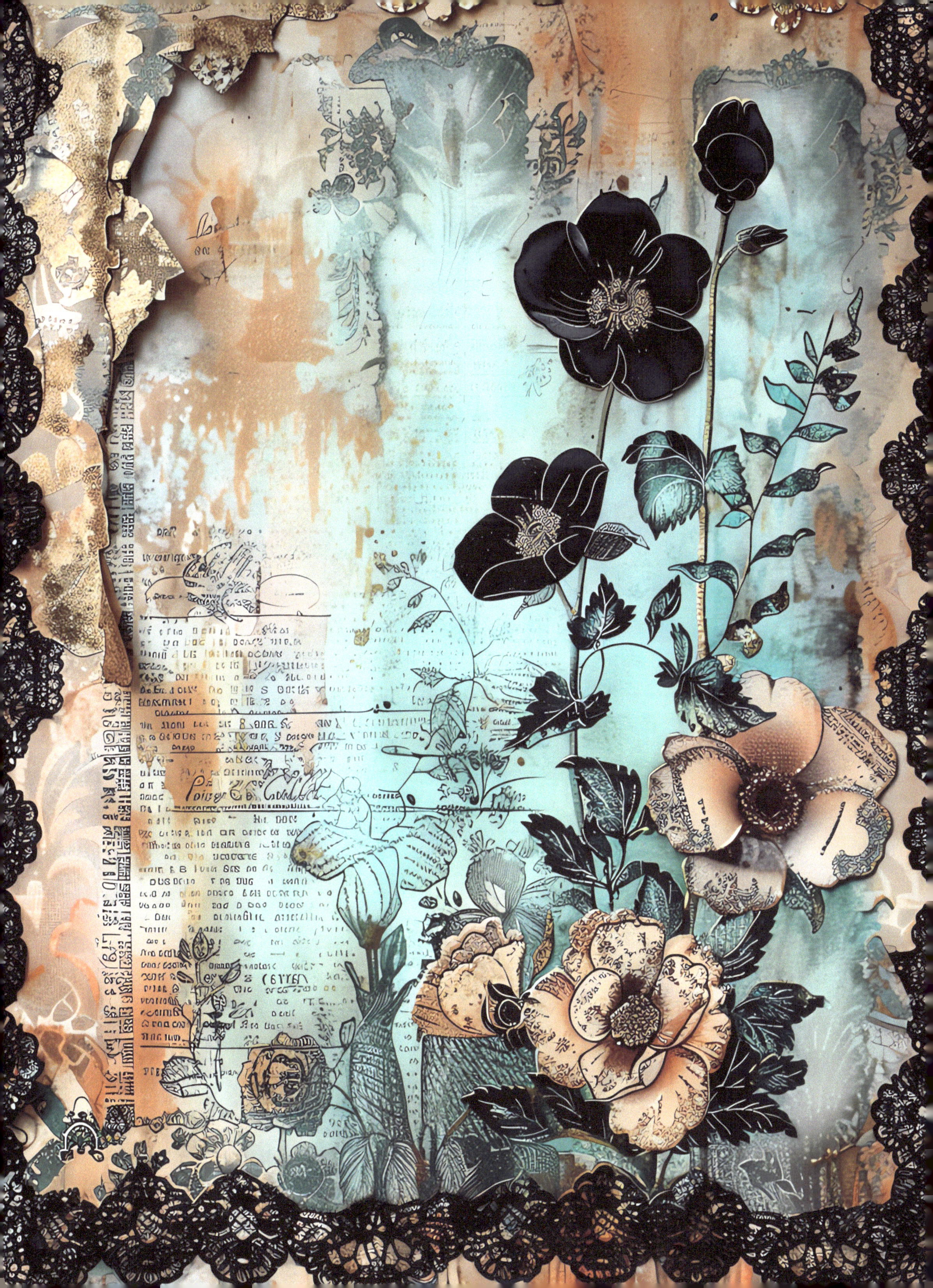

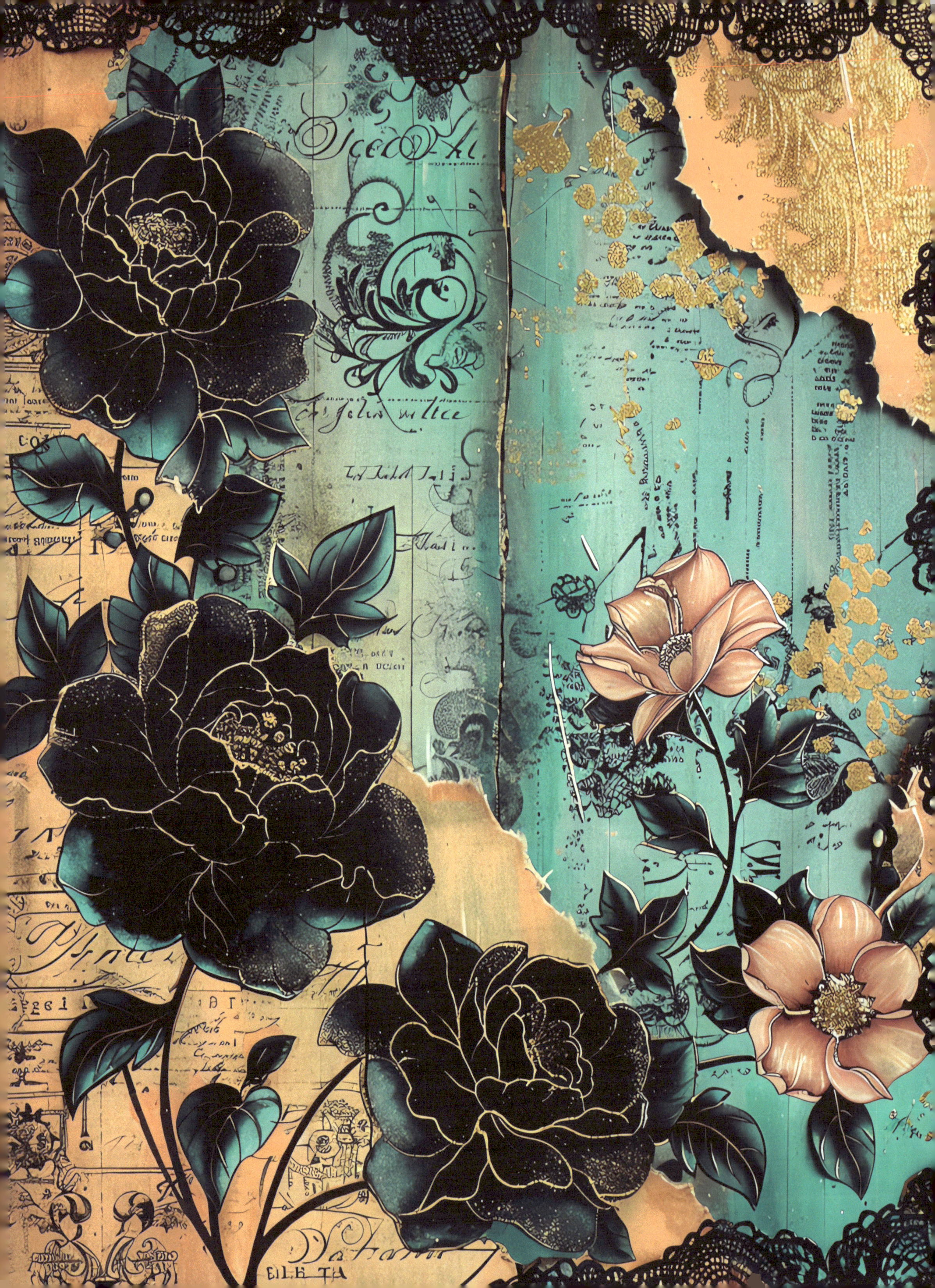

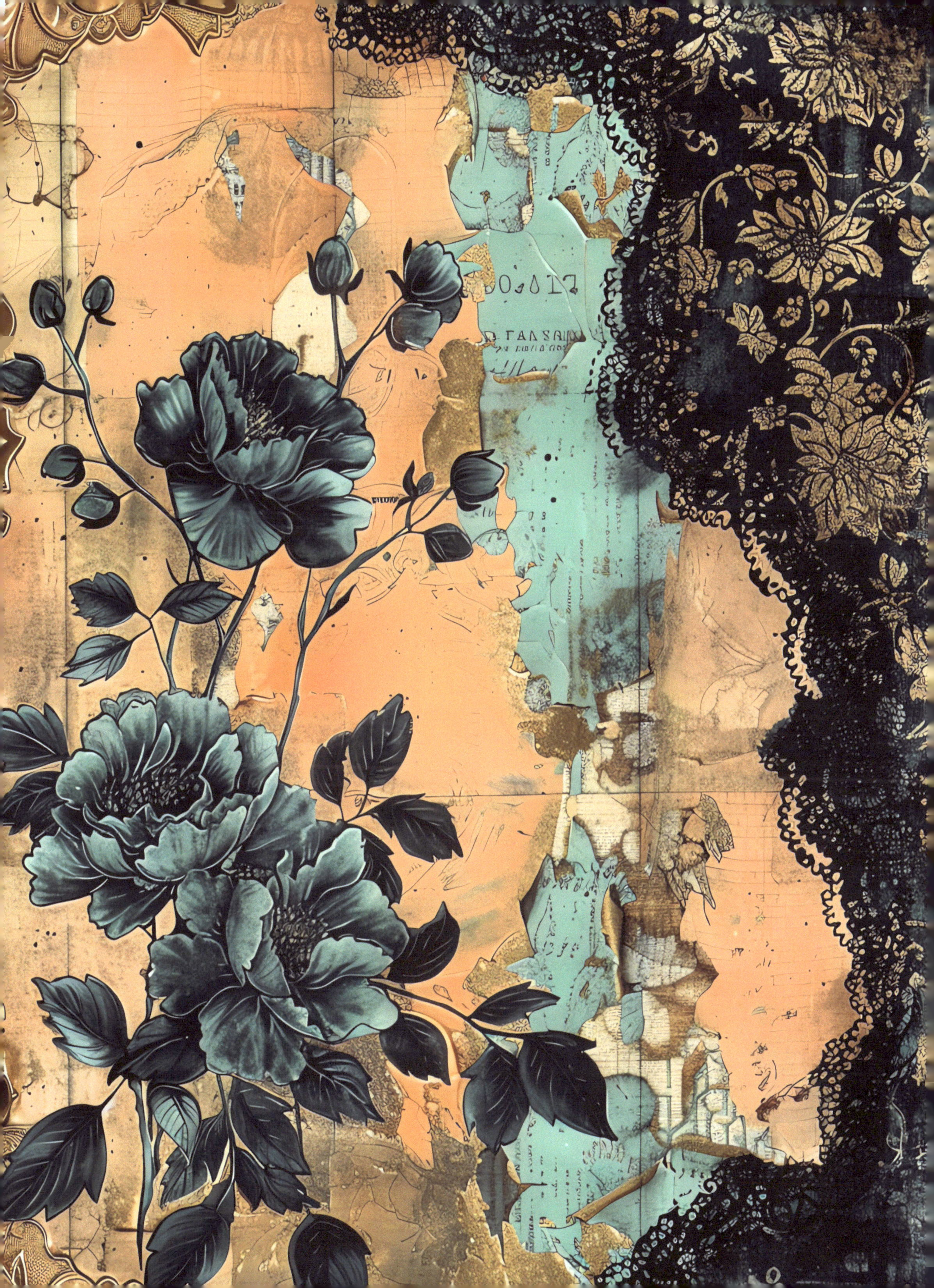

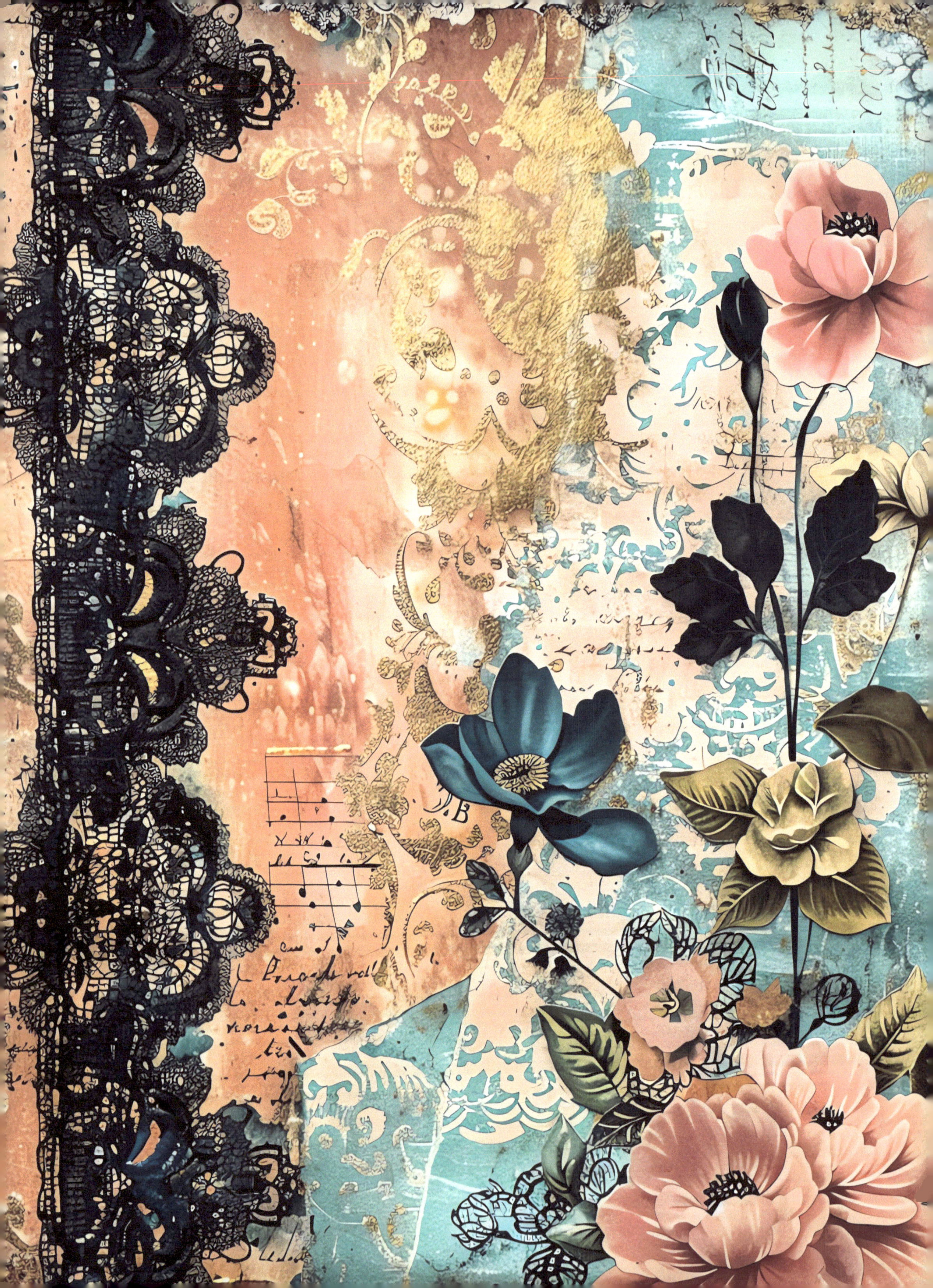

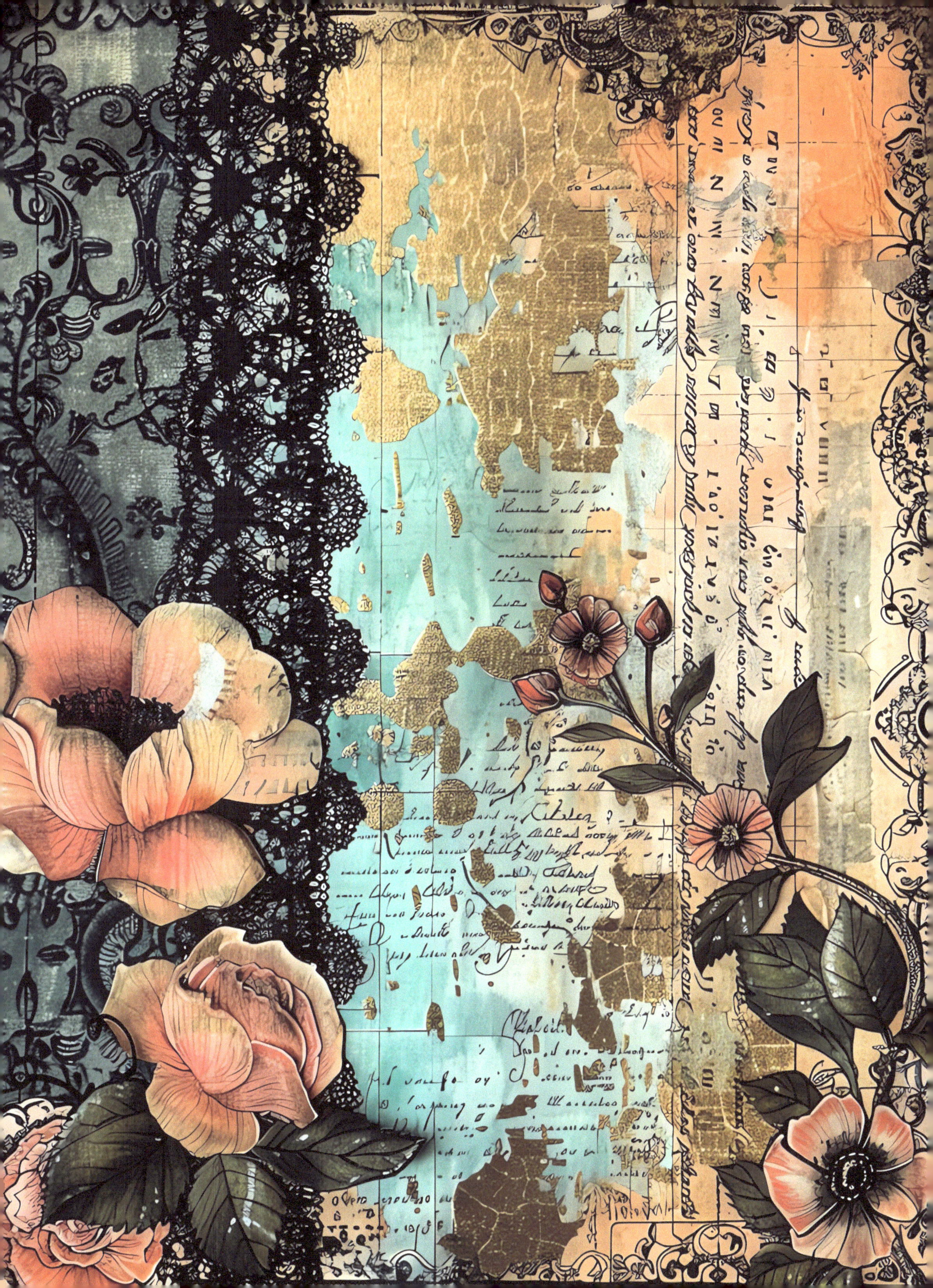

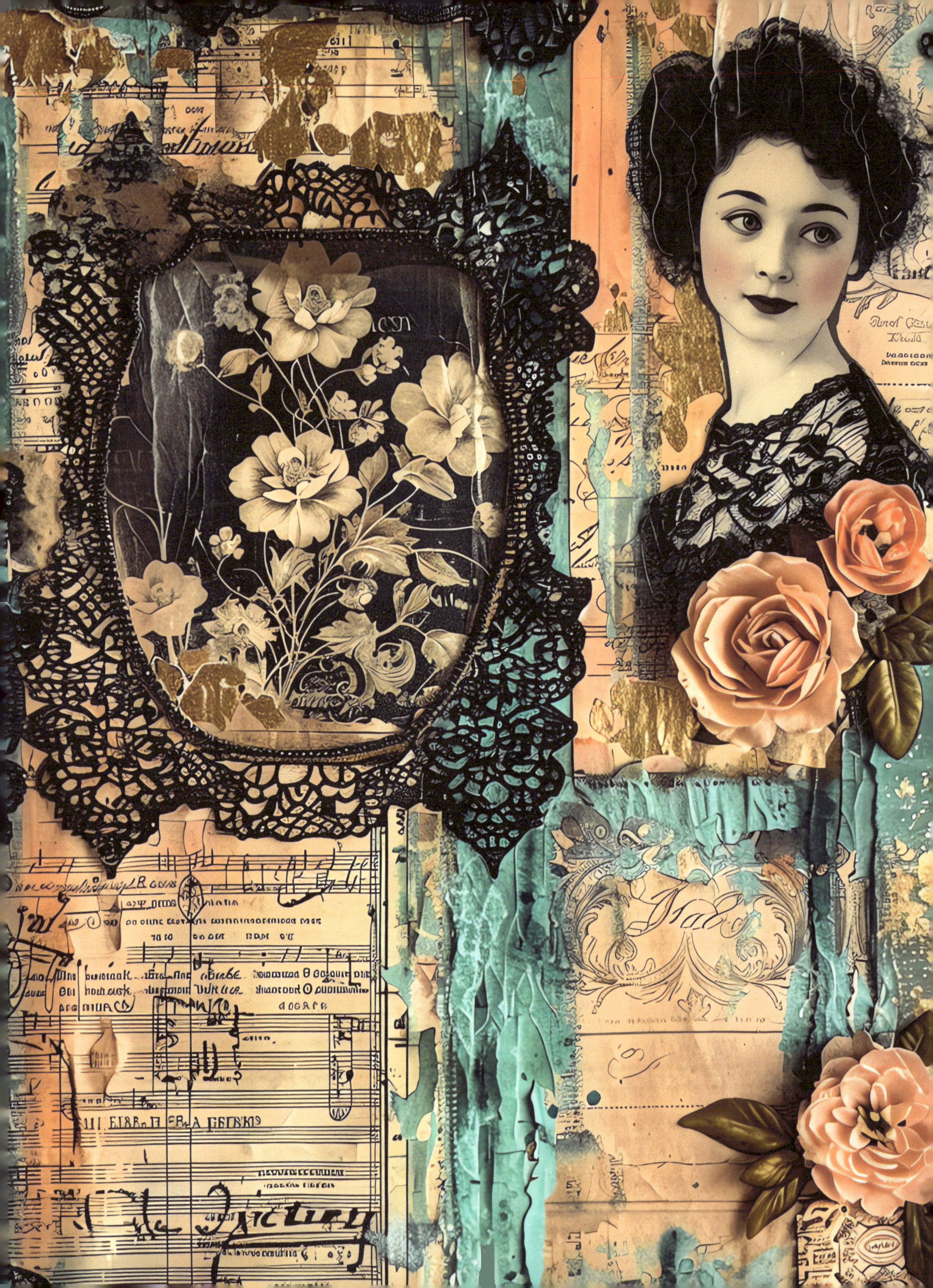

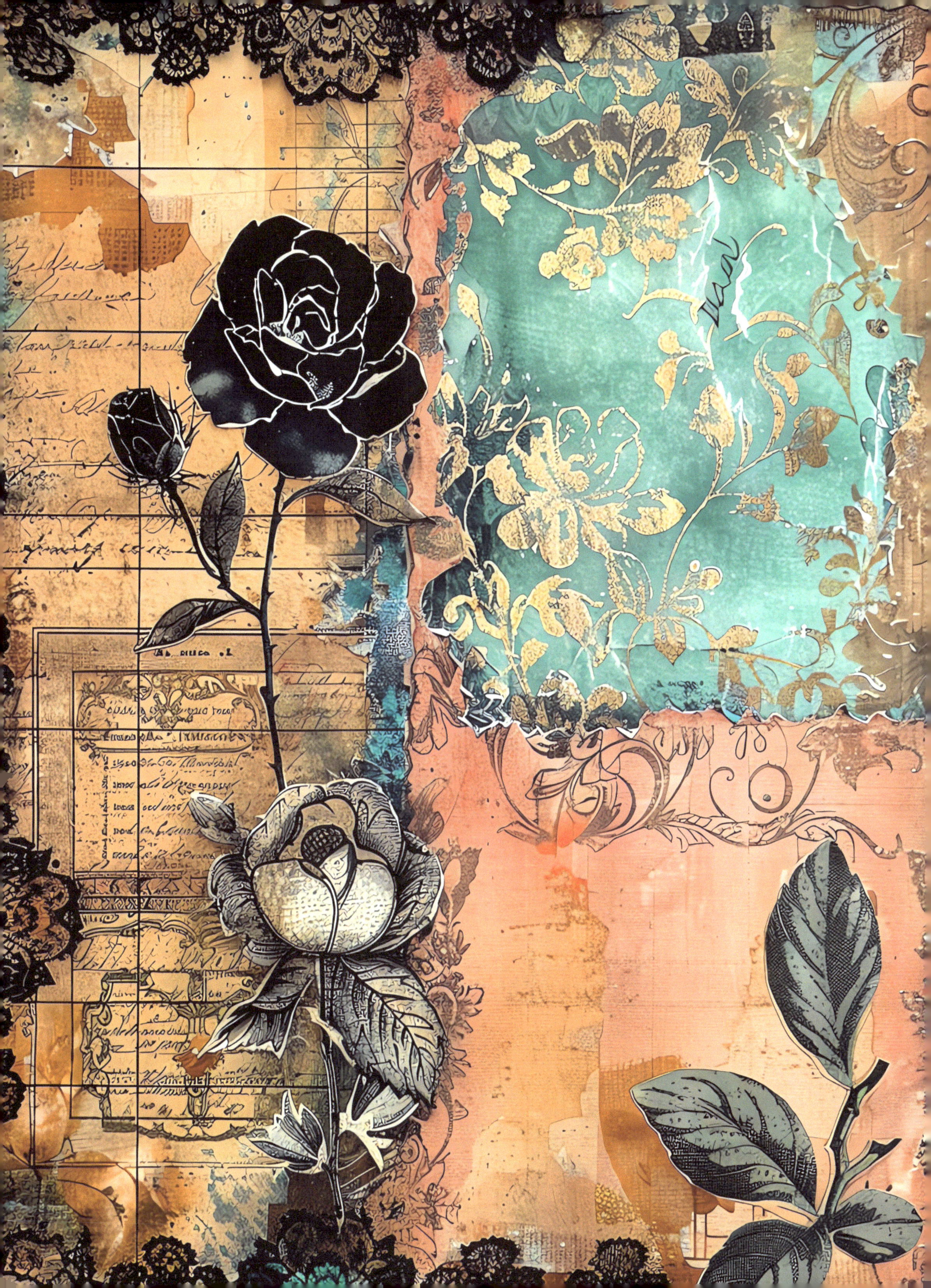

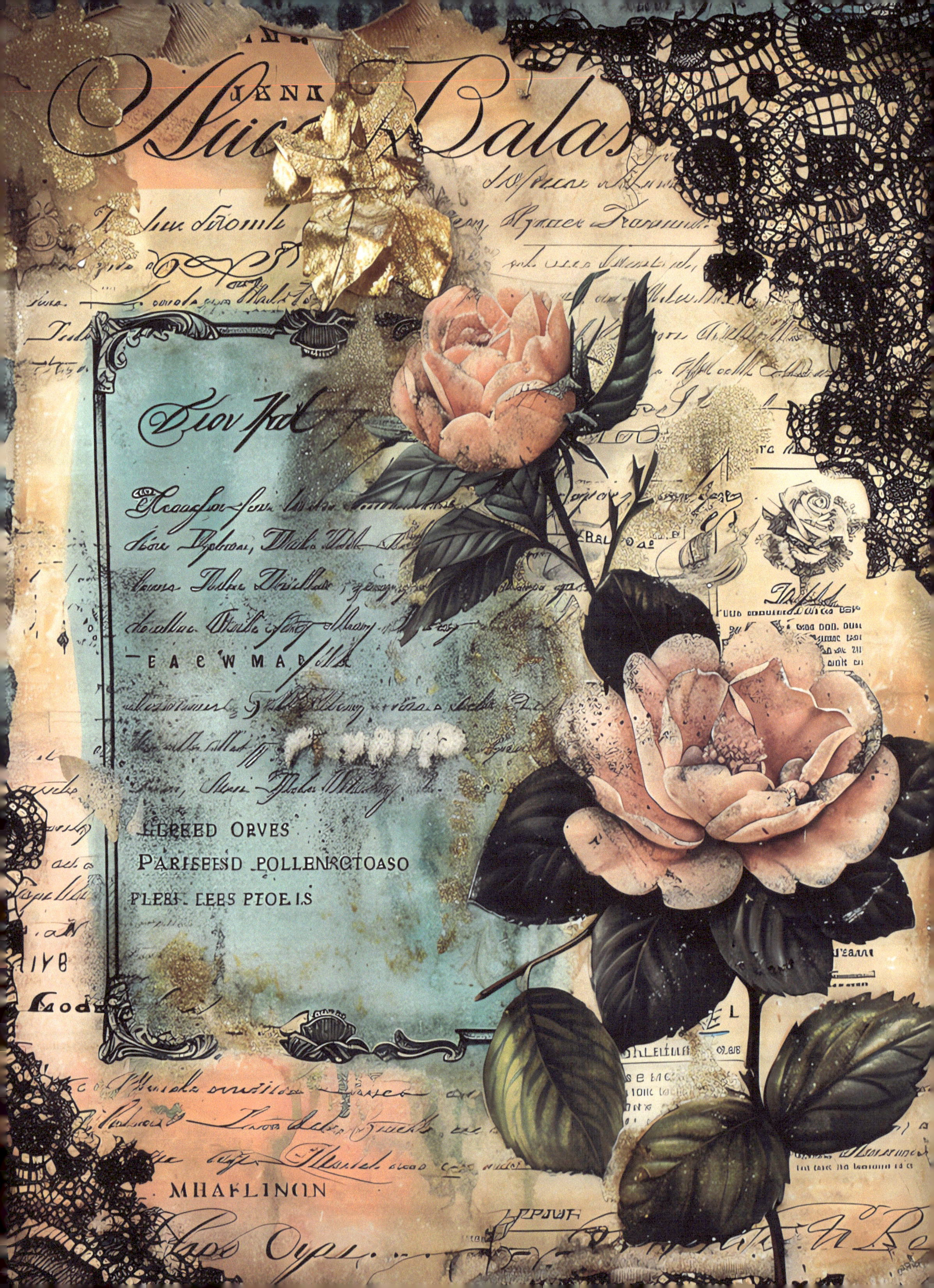
EACWMAD
LIGREED ORVES
PARISEESD POLLENSCTOASO
PLEBI. LEBS PTOE.IS
MHAFLINON

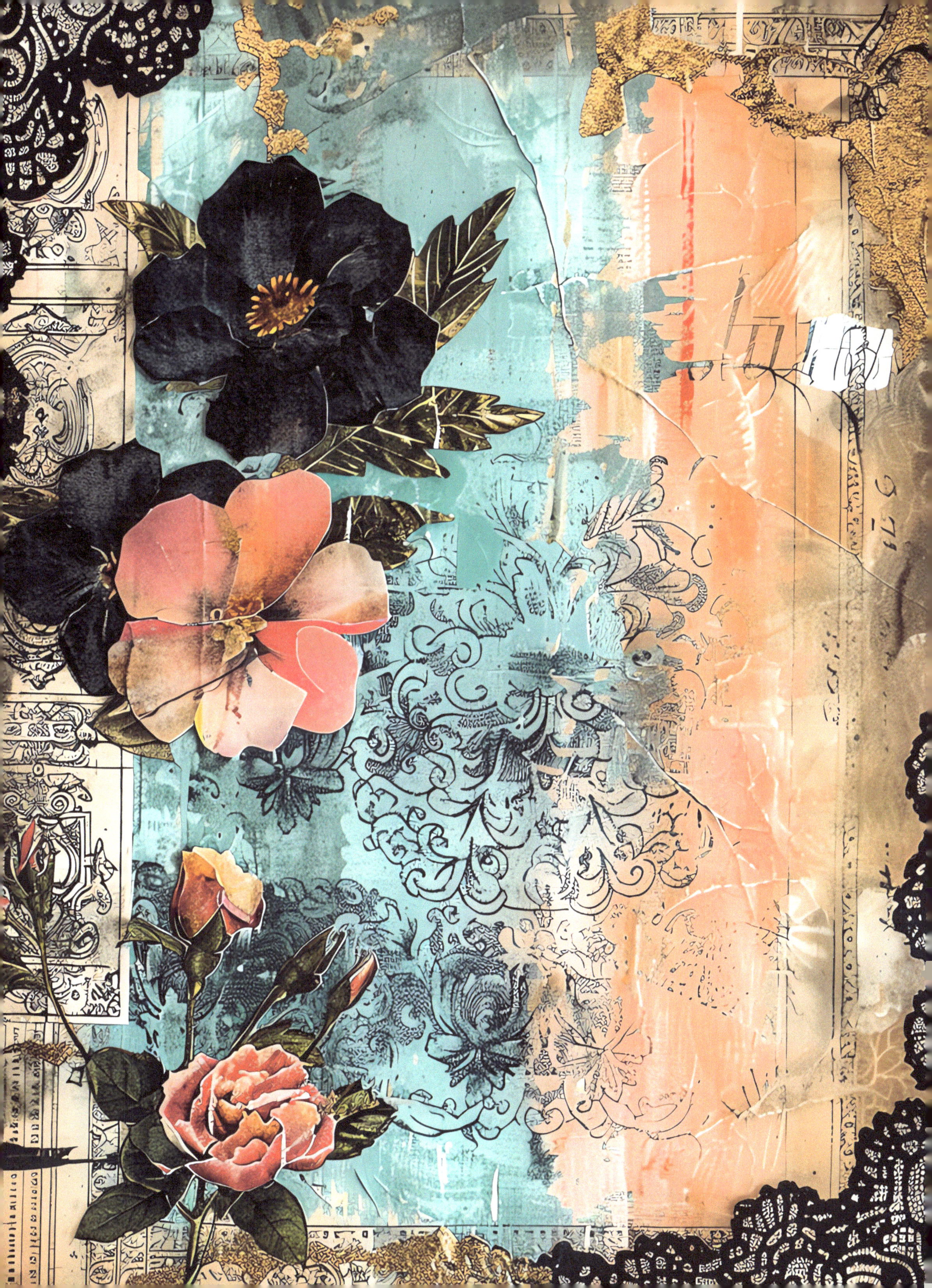

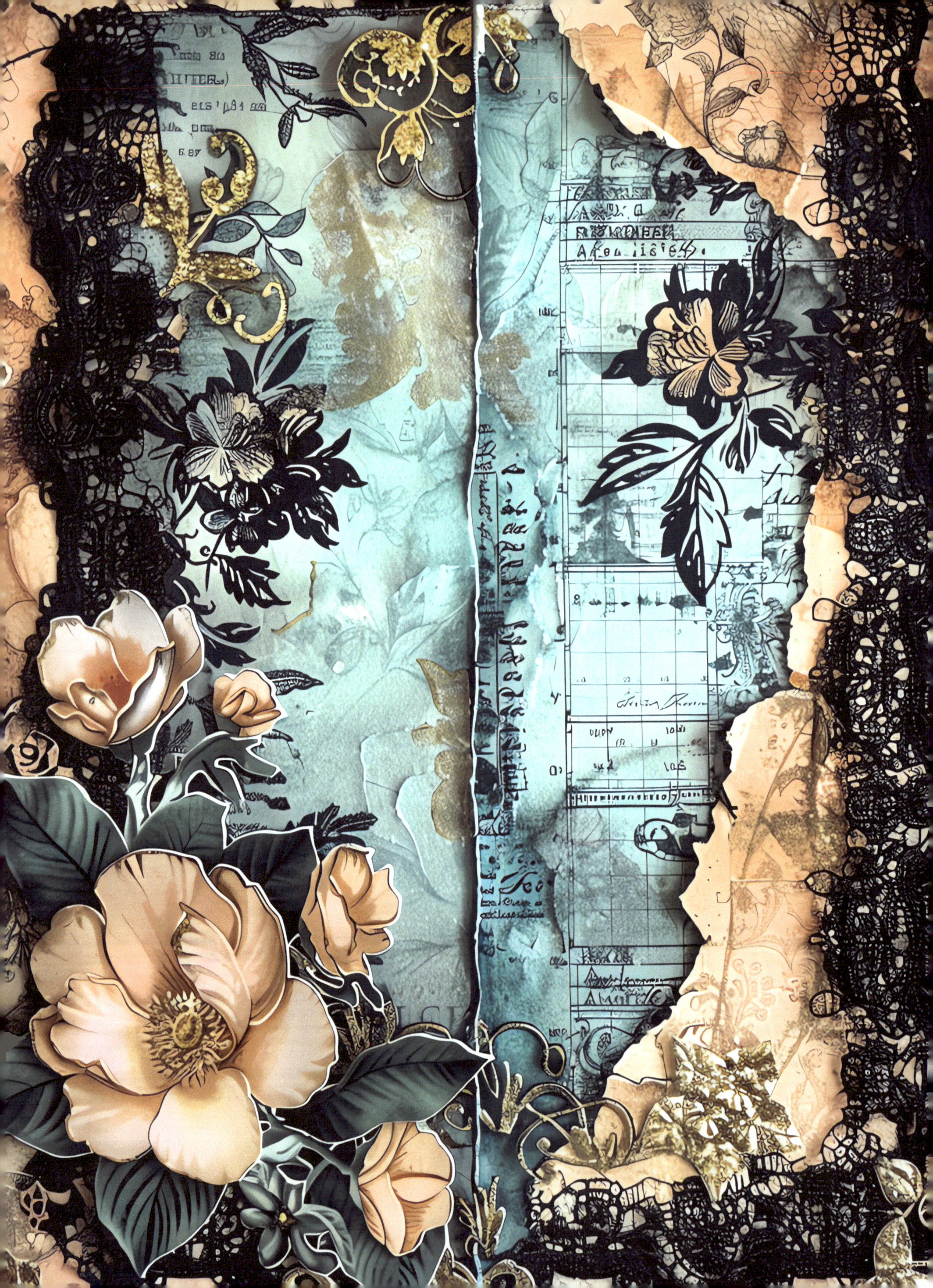

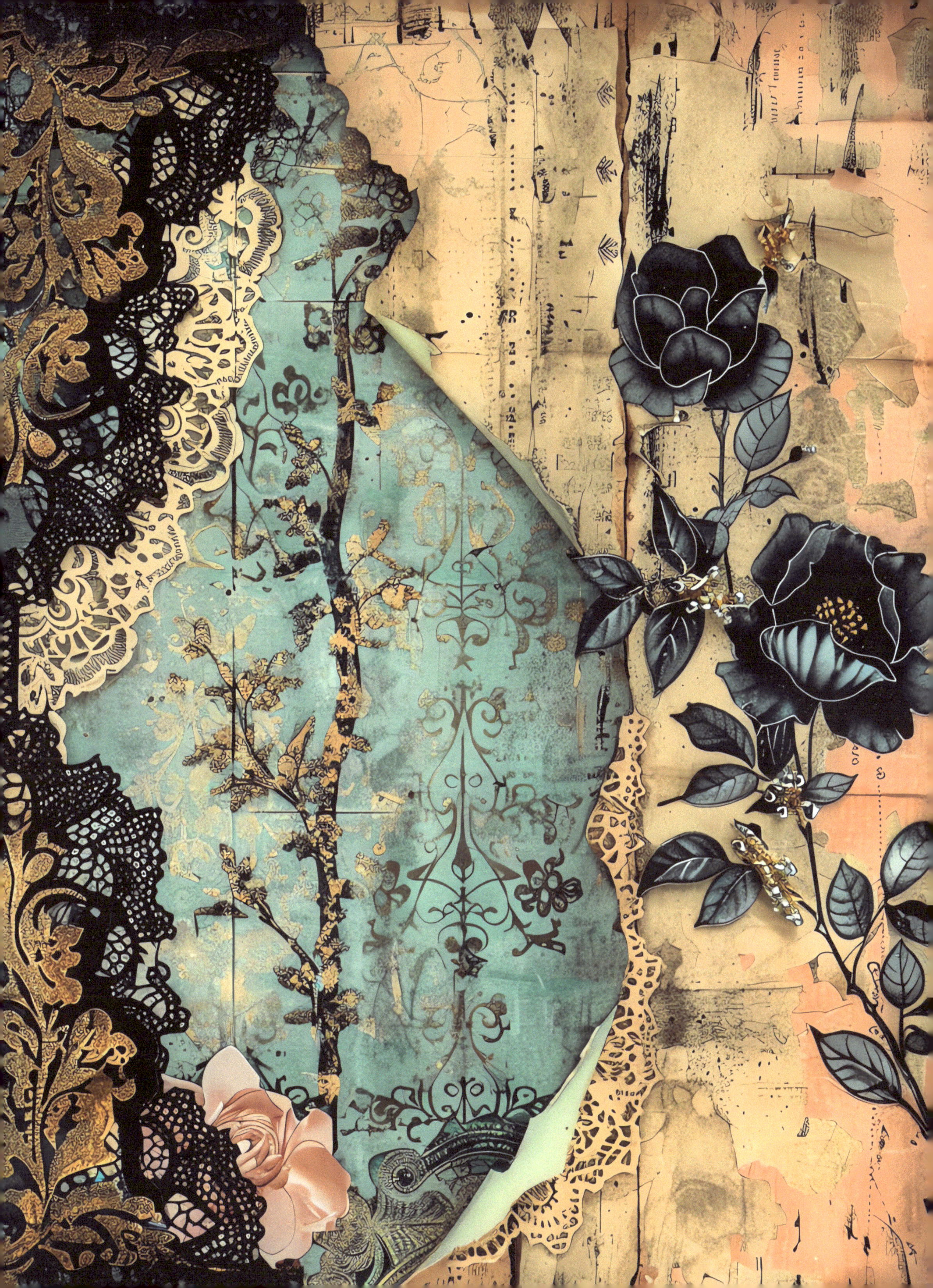

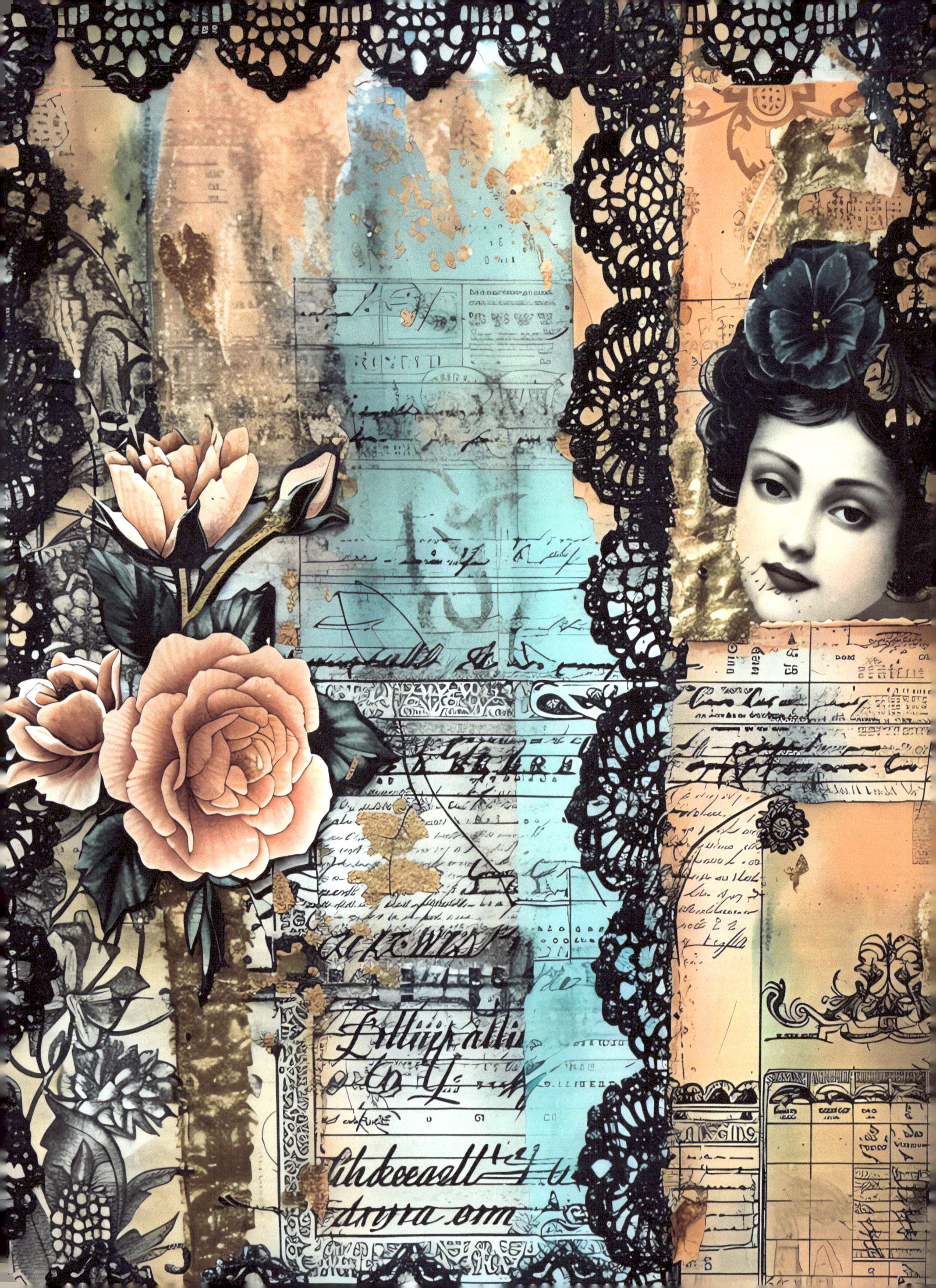

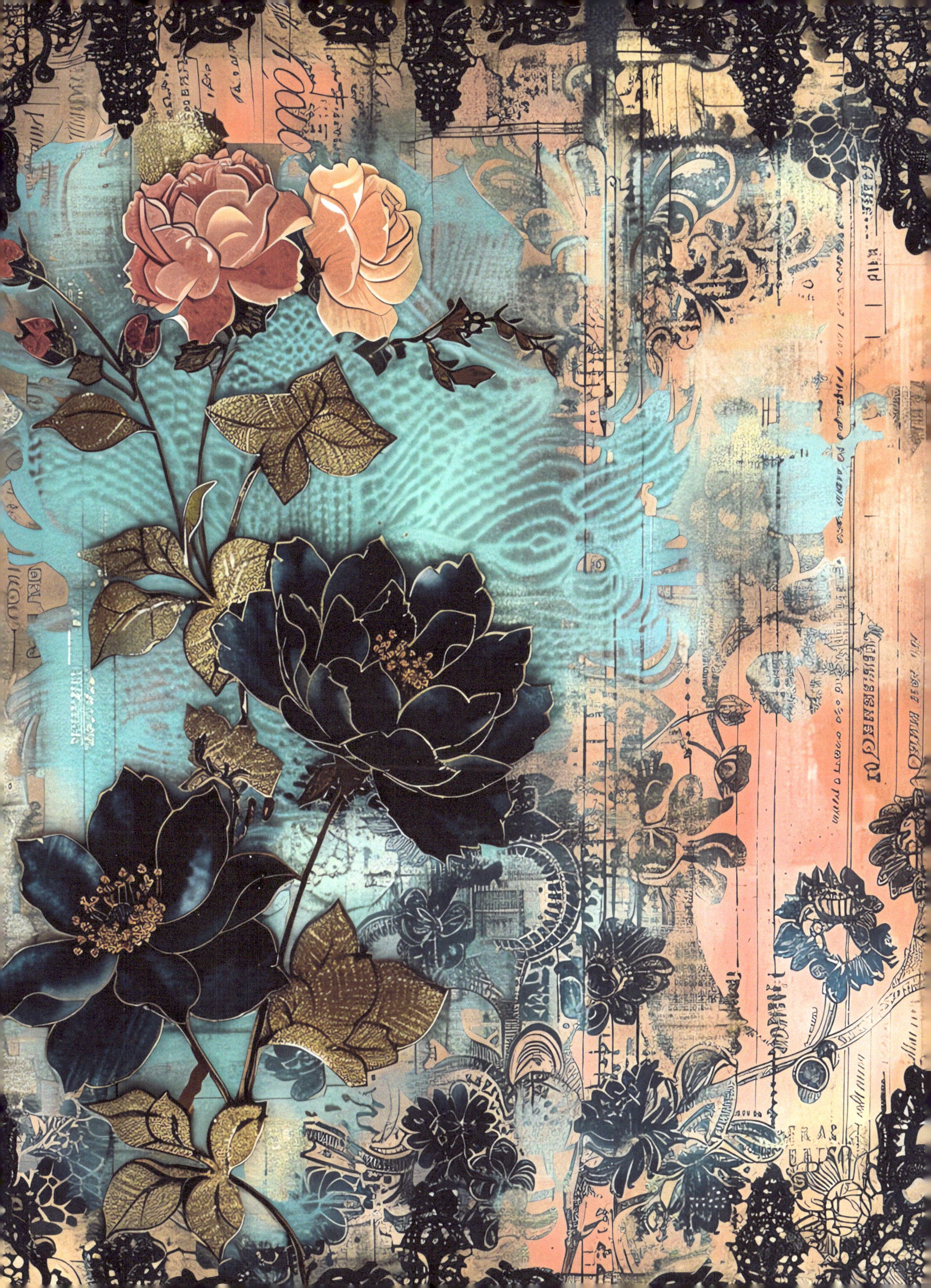

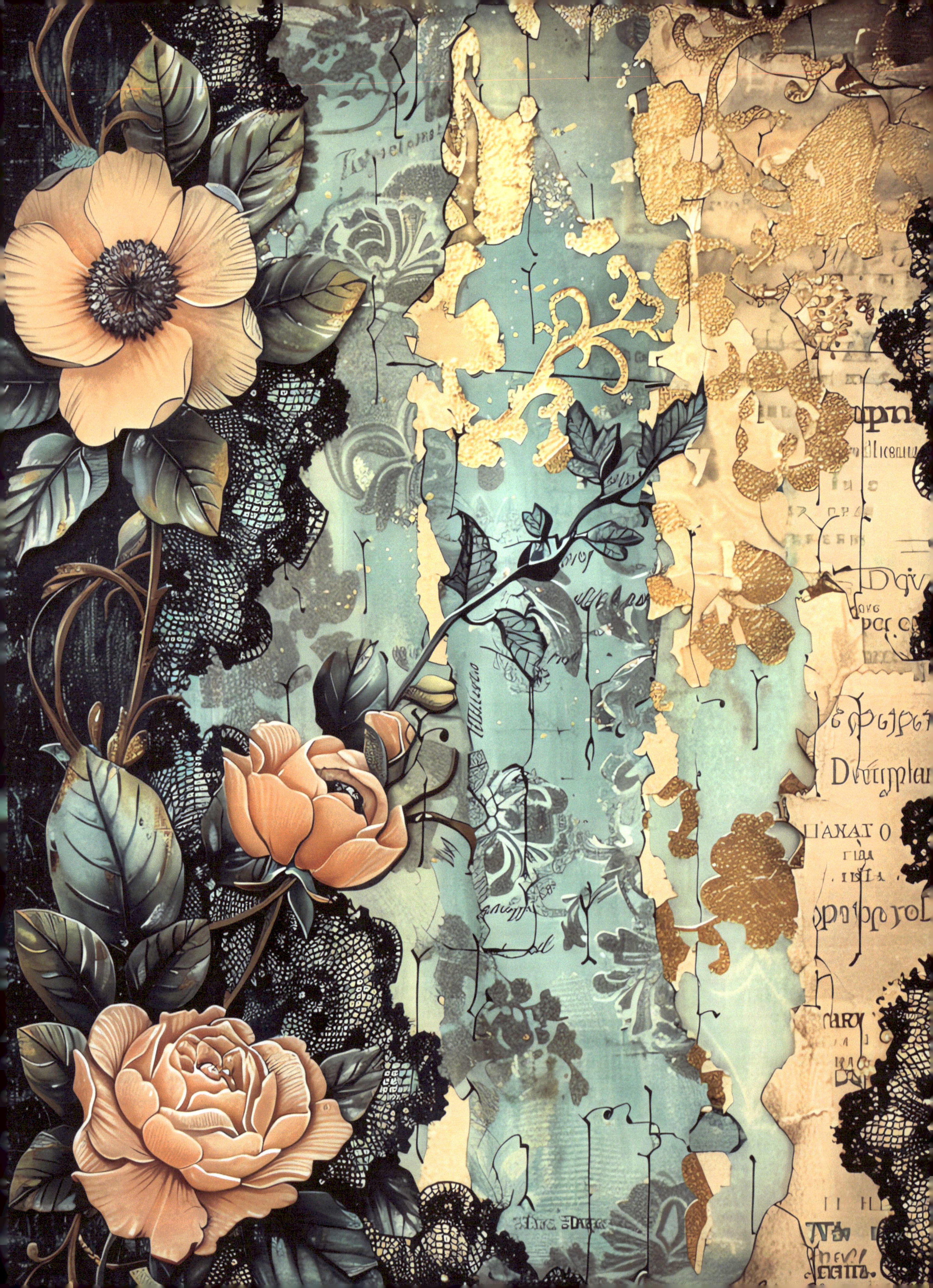

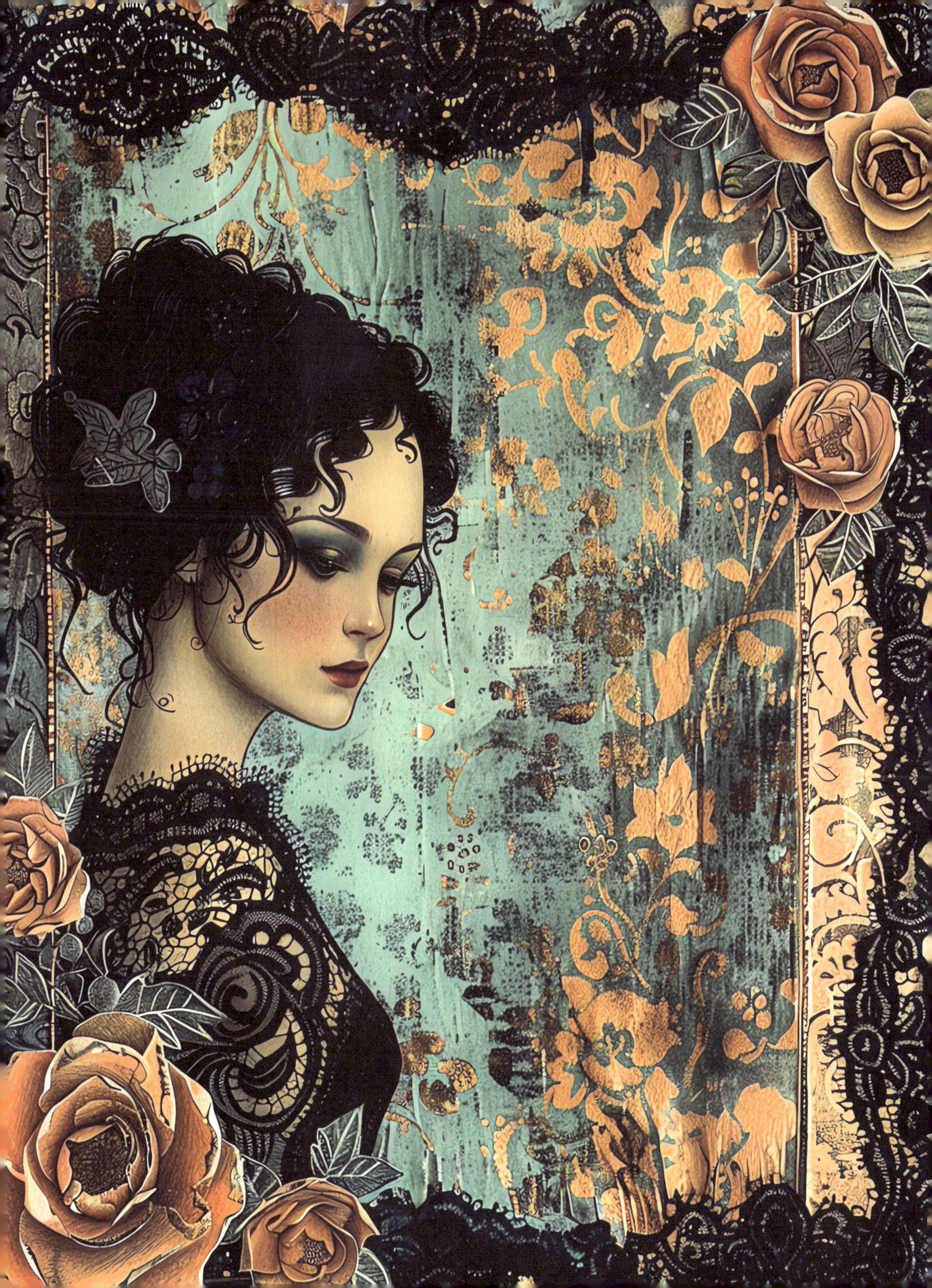

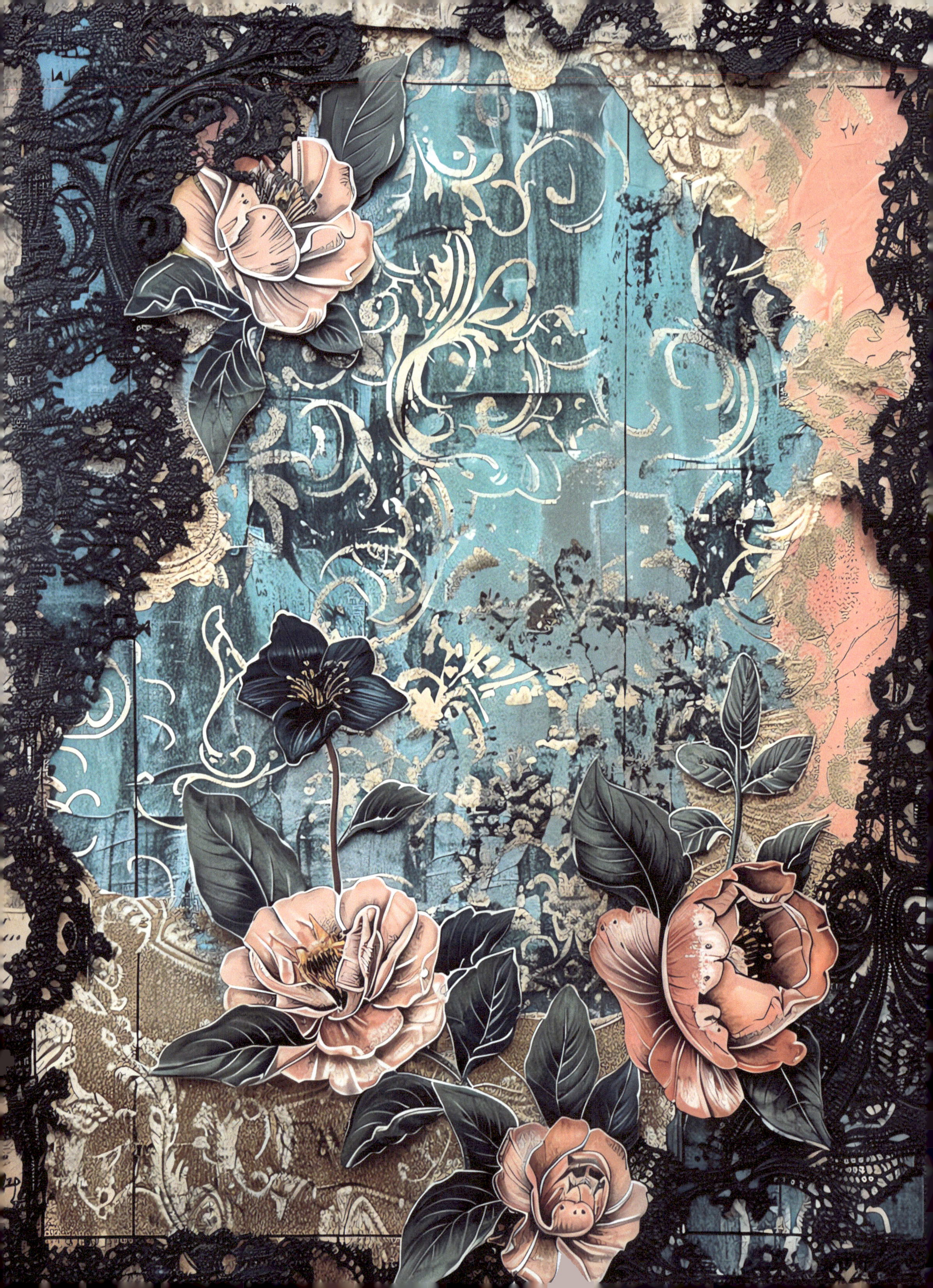

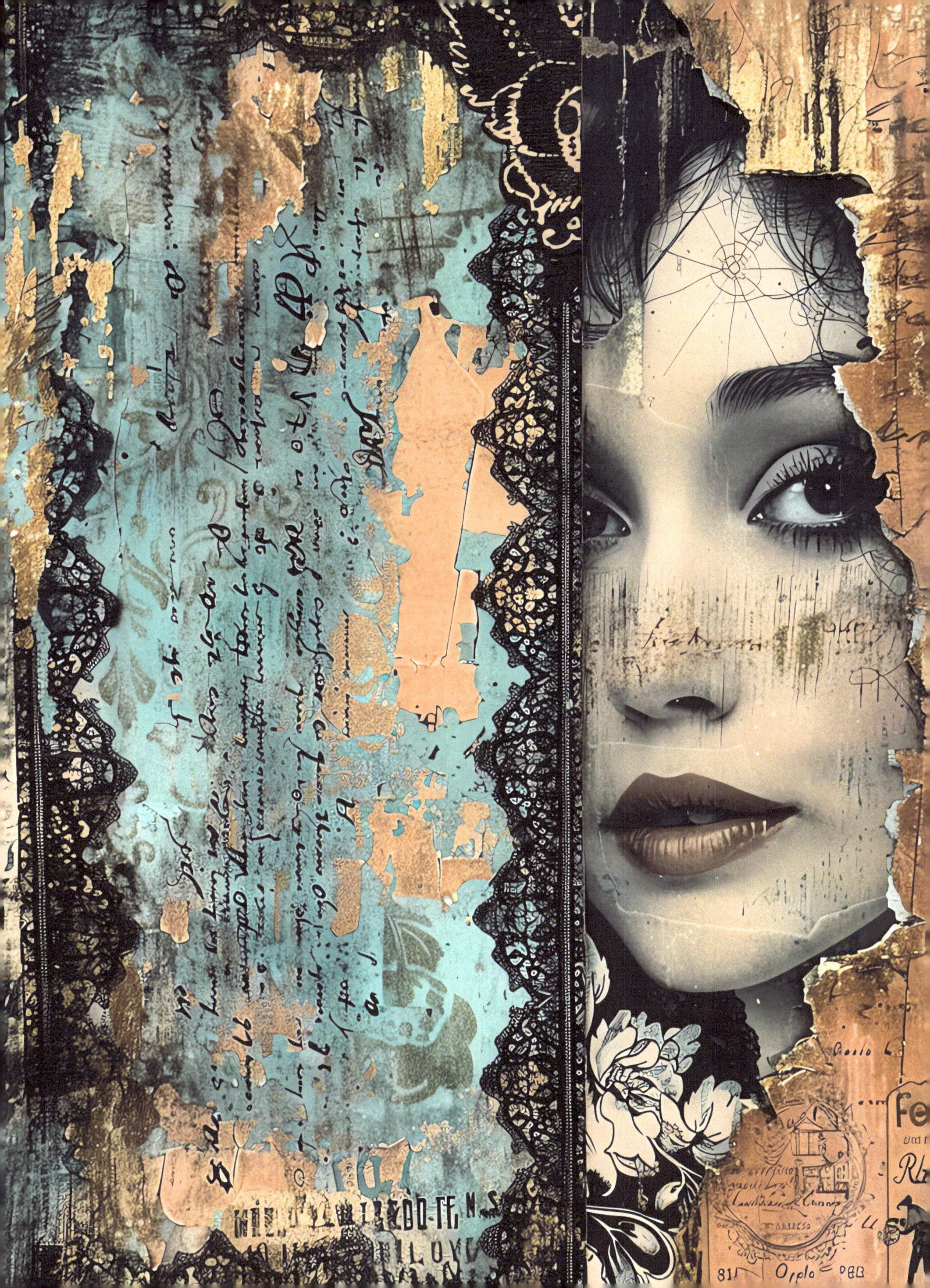

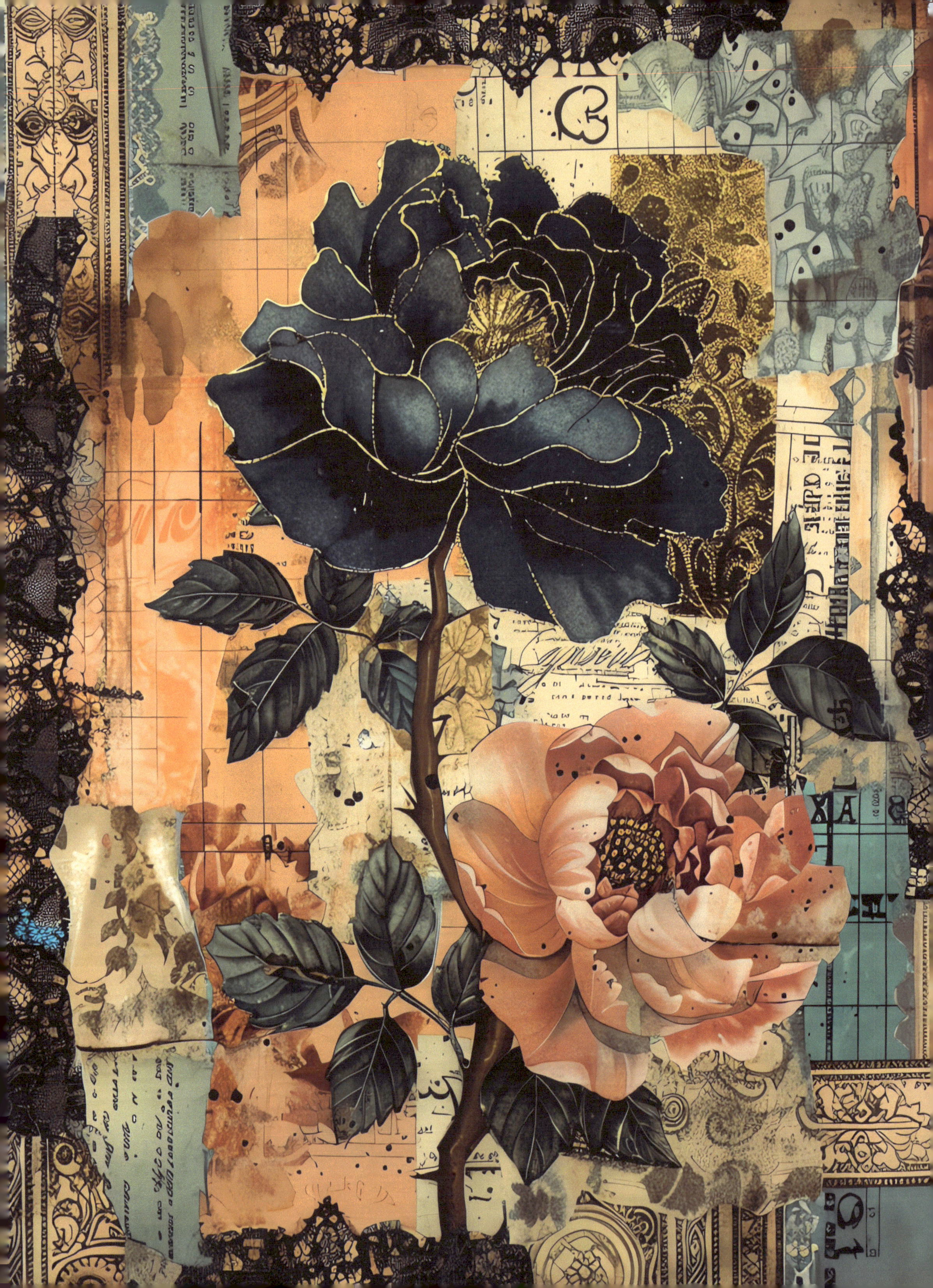

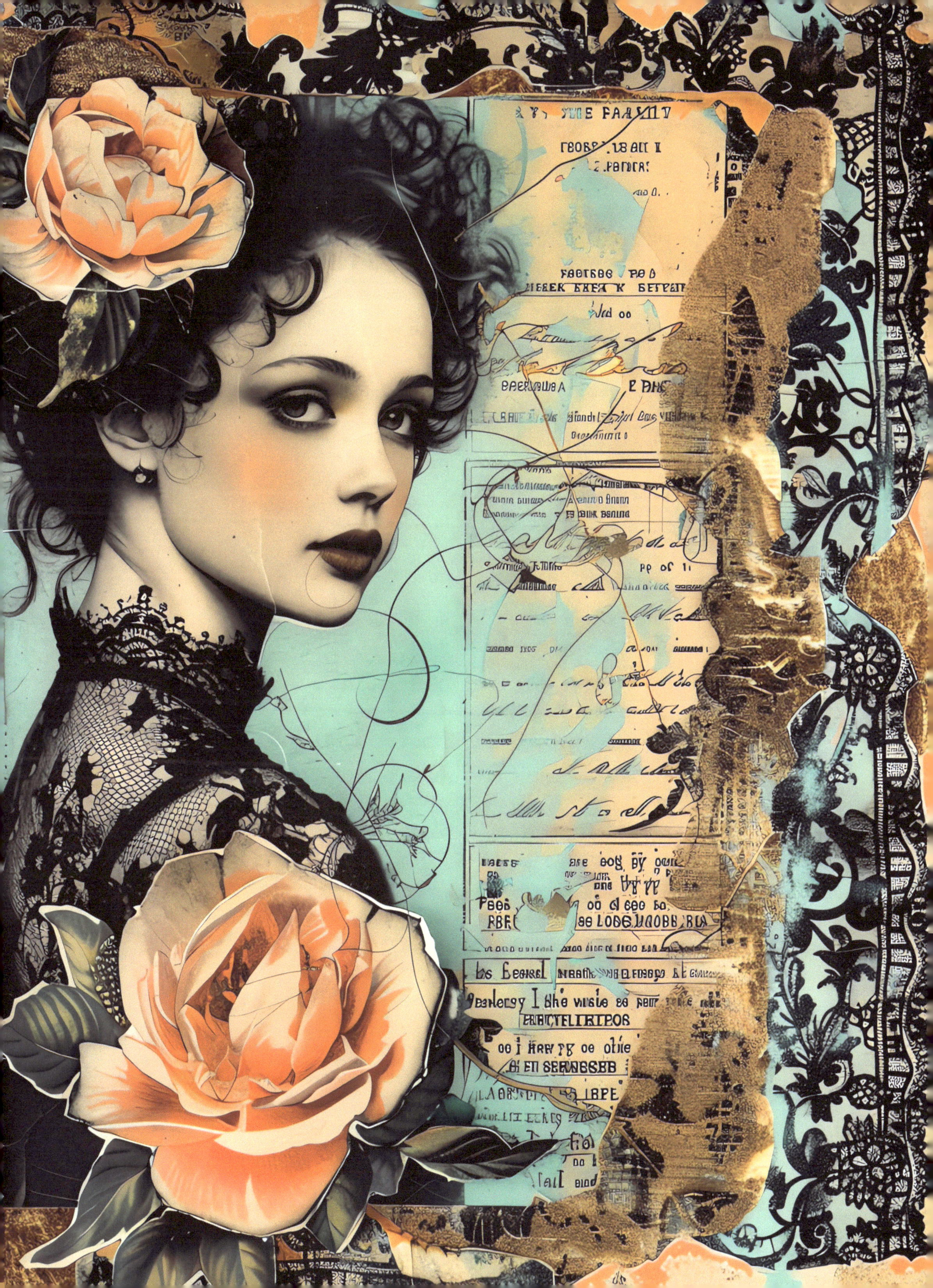

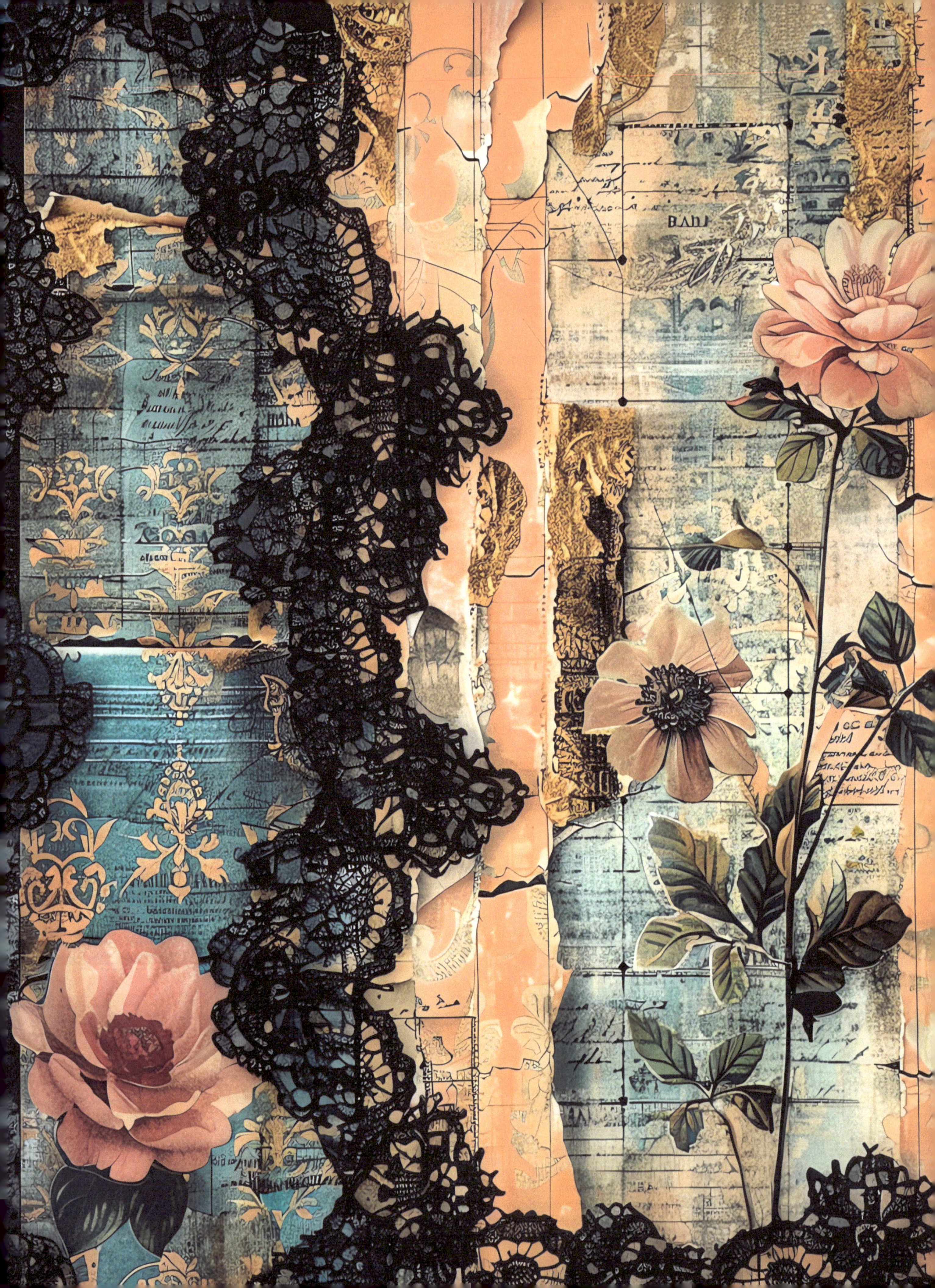

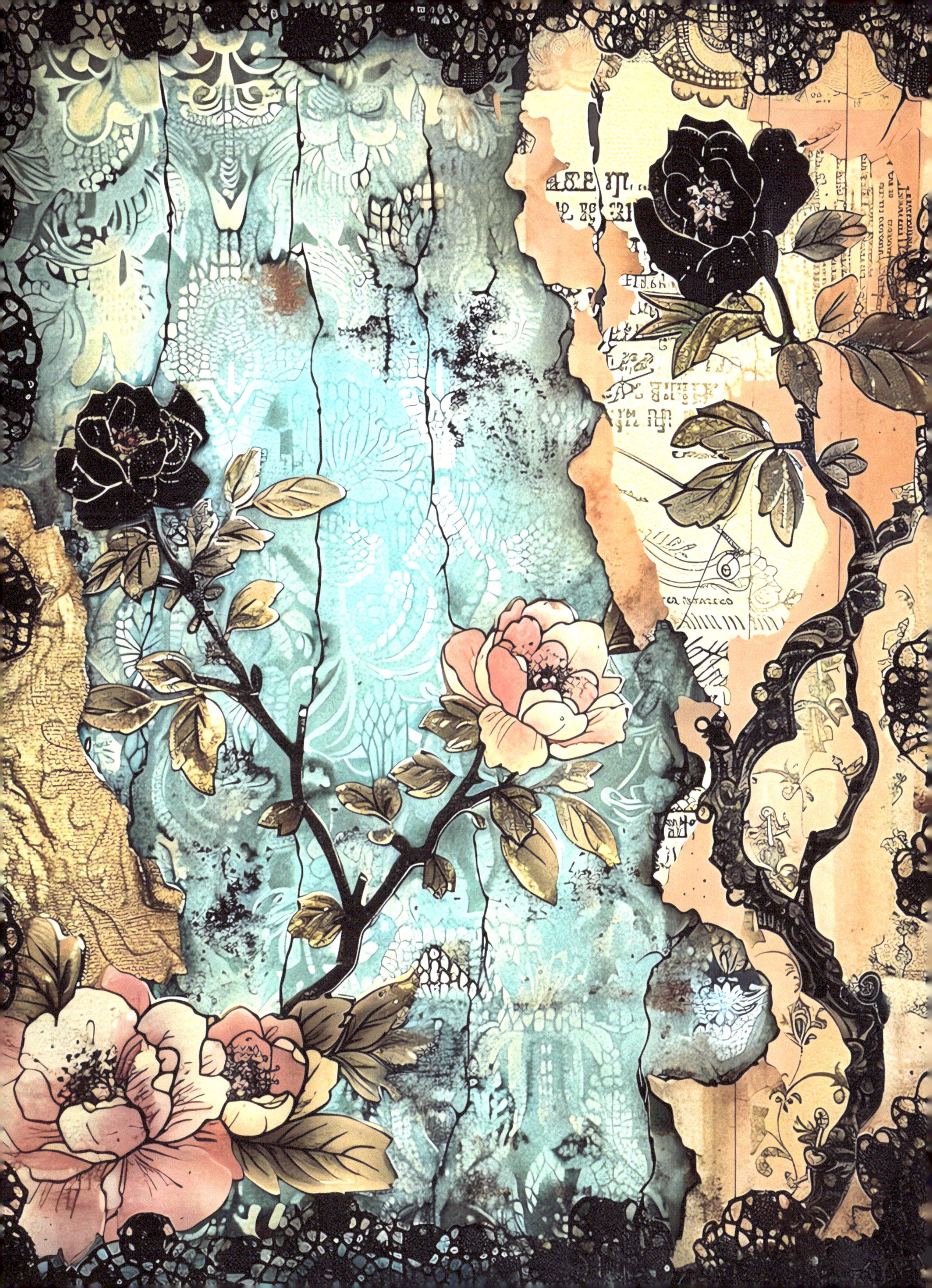

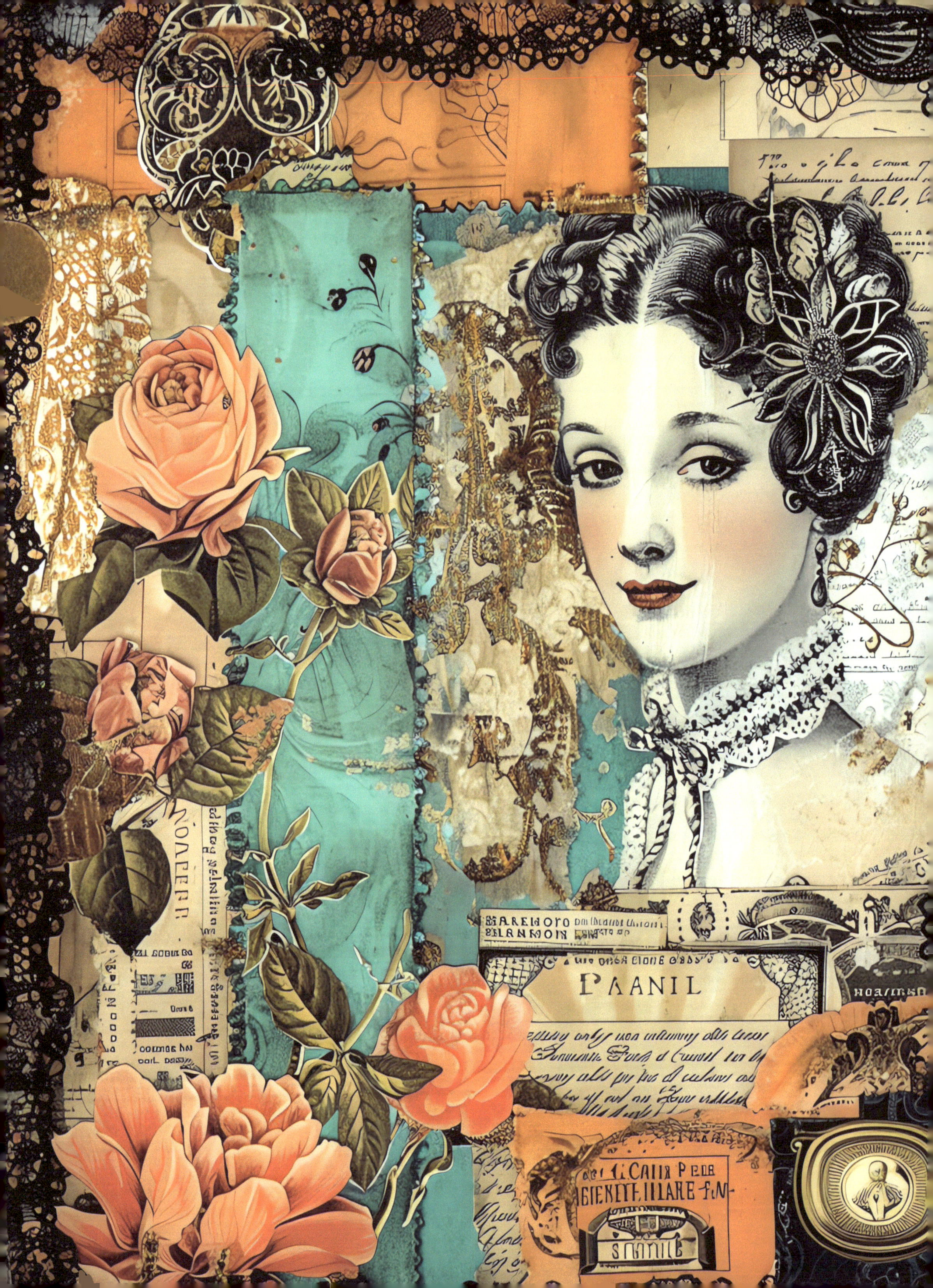
PAANIL

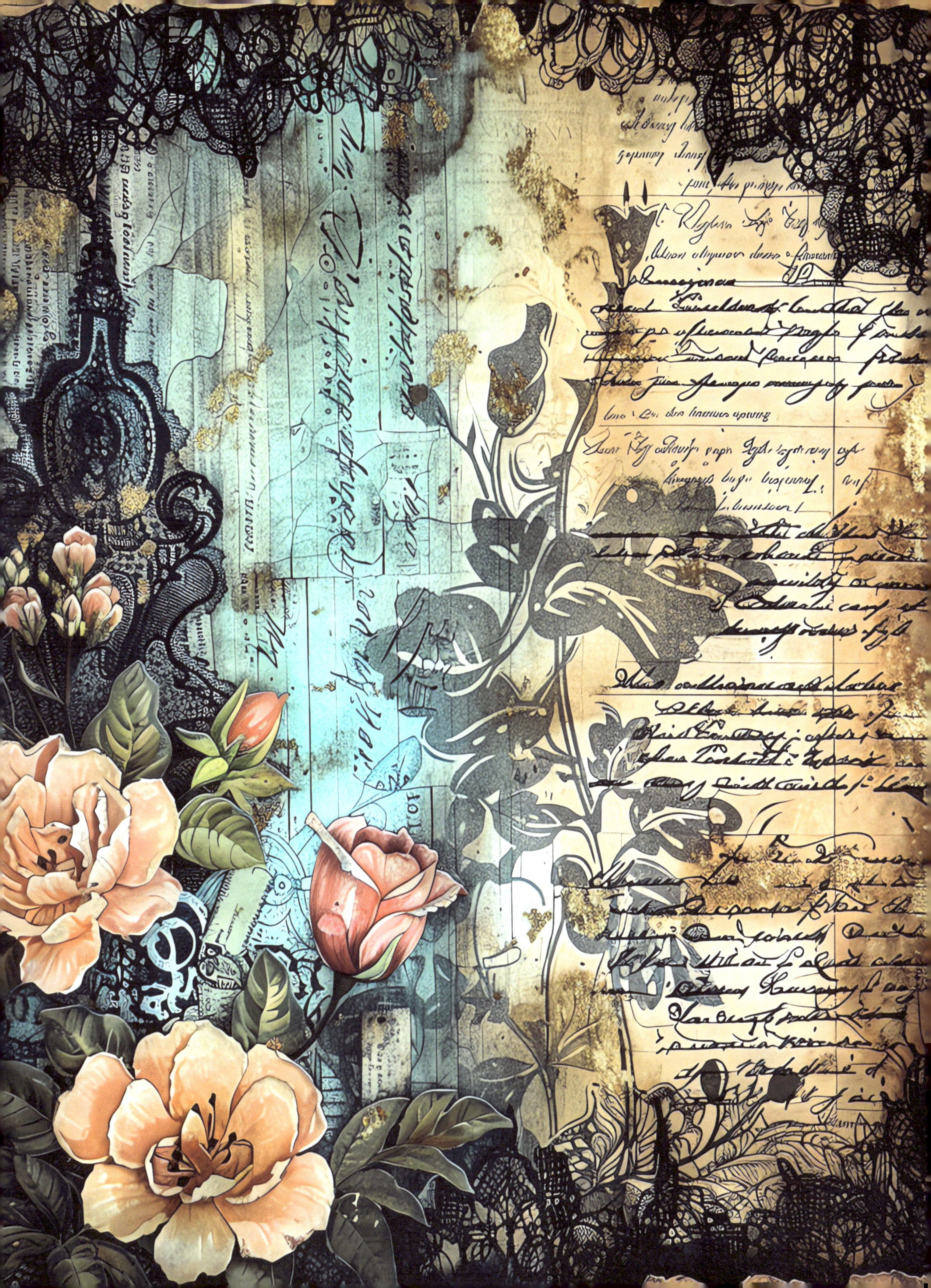

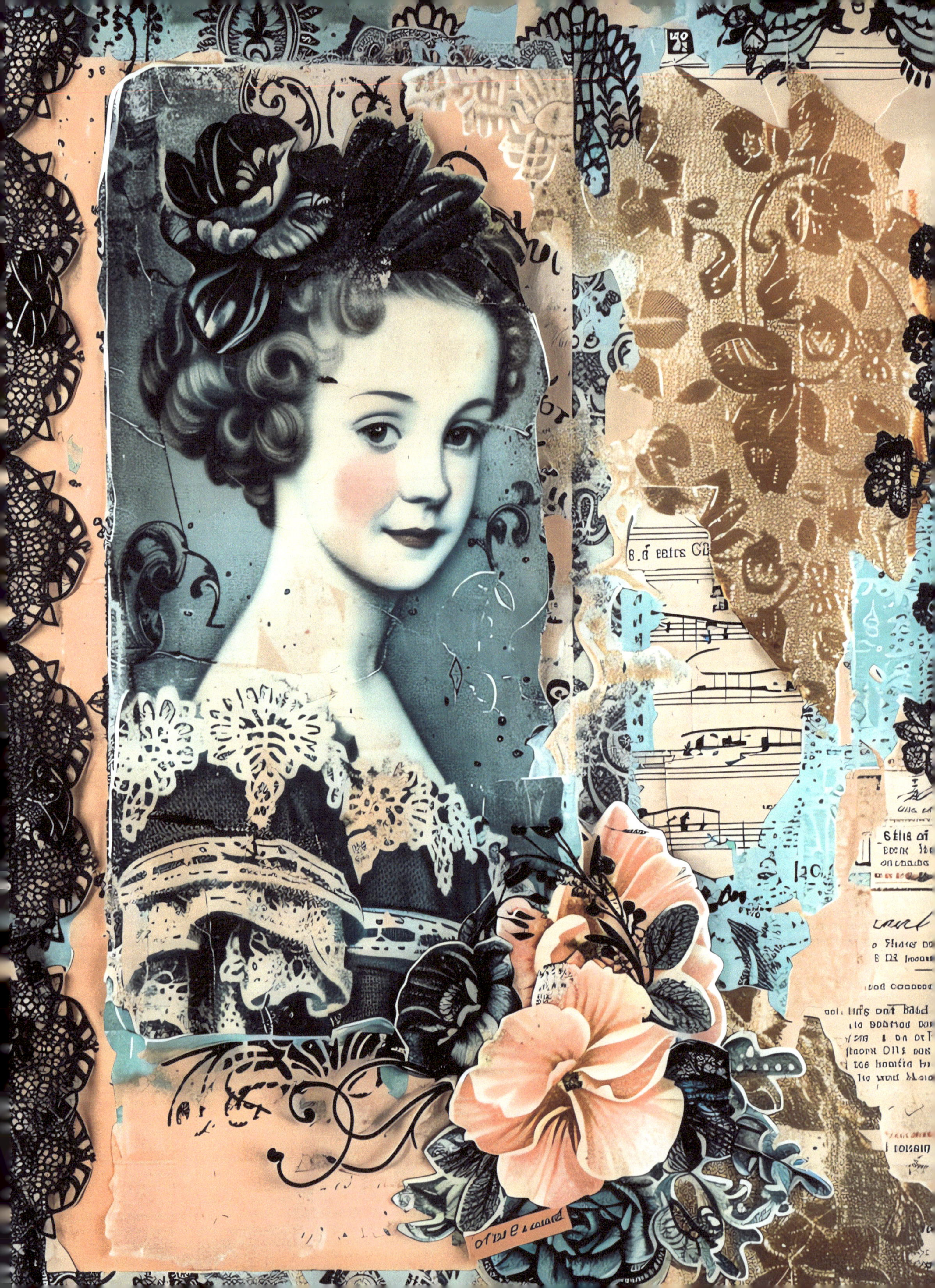

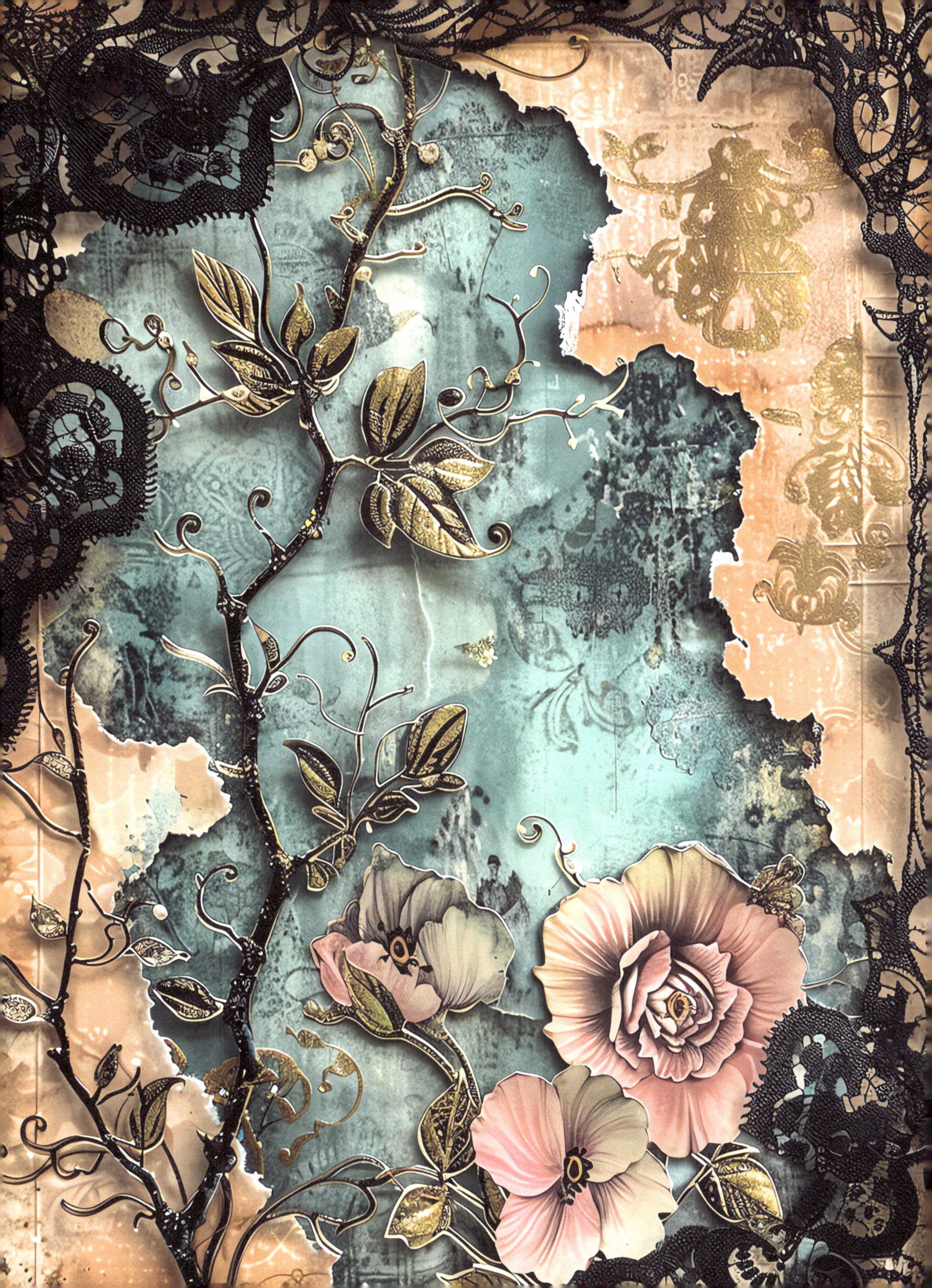

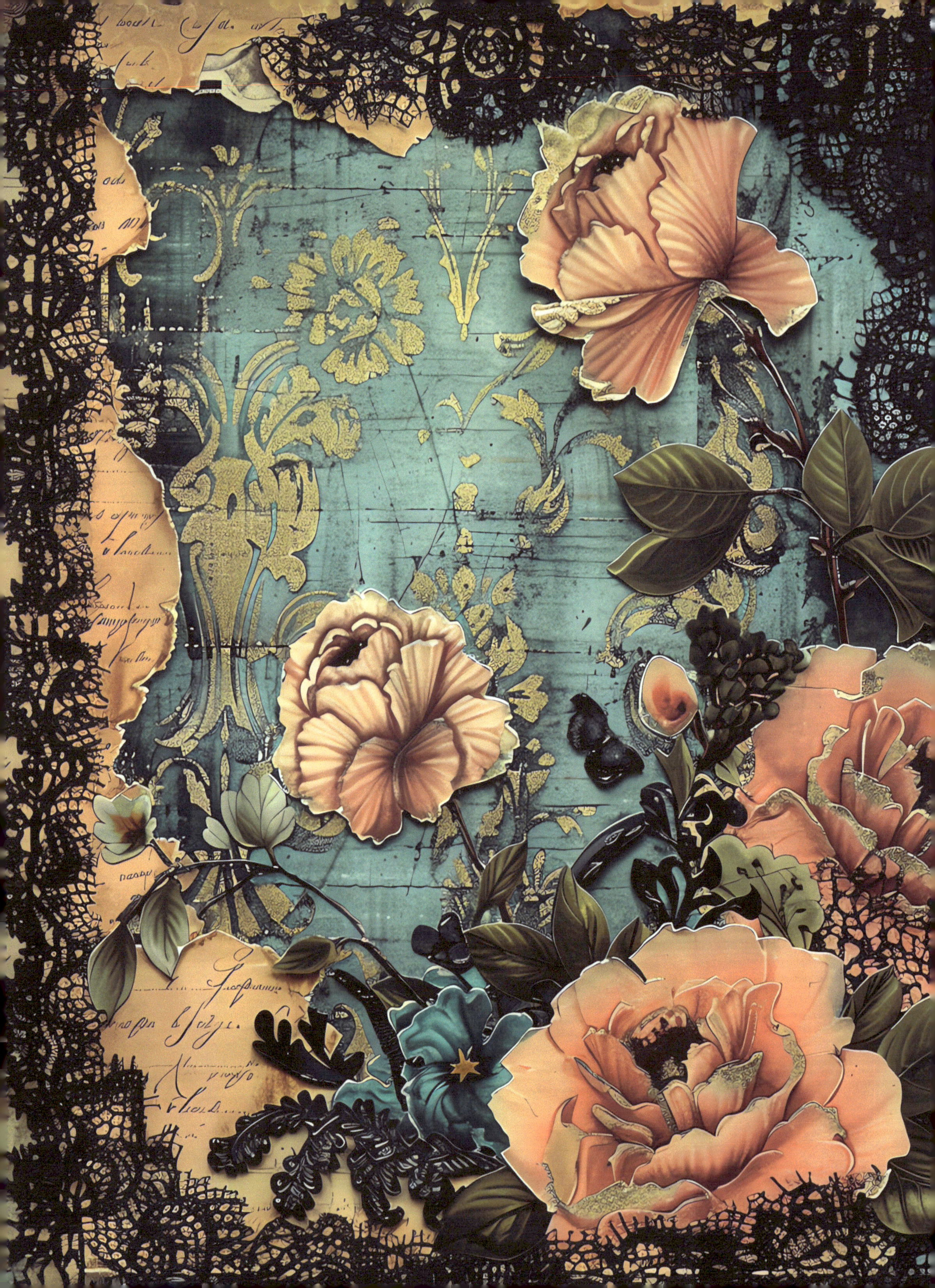

www.ingramcontent.com/pod-product-compliance
Lightning Source LLC
Chambersburg PA
CBHW040433220526
45473CB00004B/1431

* 9 7 9 8 3 0 1 2 3 2 0 7 7 *